互联网营销系列丛书

新电商运营
完全操作手册（第2版）

关键 编著

清华大学出版社
北京

内 容 简 介

　　本书介绍了9个新电商模式、88个电商运营技巧。书中详细介绍了移动电商、内容电商、社交电商、短视频电商、直播电商、新媒体电商、小程序电商、团购电商和私域电商的相关运营方法，从而能够帮助读者轻松玩转新电商运营。同时本书详细介绍了各种电商模式的相关运营要点和实战案例，以便让读者能够快速了解新电商运营奥秘，实现商业和盈利的新突破。

　　本书可供所有实体零售或电商运营的从业人员、投资电商或服务电商的相关人士阅读学习，也可供有志进军电商和零售领域的创业者参考。

图书在版编目(CIP)数据

新电商运营完全操作手册/关键编著. —2版. —北京：清华大学出版社，2024.1
(互联网营销系列丛书)
ISBN 978-7-302-64967-0

Ⅰ．①新… Ⅱ．①关… Ⅲ．①电子商务－商业经营—手册 Ⅳ．①F713.365.2-62

中国国家版本馆CIP数据核字(2023)第243205号

责任编辑：张　瑜
封面设计：杨玉兰
责任校对：徐彩虹
责任印制：丛怀宇
出版发行：清华大学出版社
　　　　网　　址：https://www.tup.com.cn, https://www.wqxuetang.com
　　　　地　　址：北京清华大学学研大厦A座　　　　　　邮　　编：100084
　　　　社 总 机：010-83470000　　　　　　　　　　　　邮　　购：010-62786544
　　　　投稿与读者服务：010-62776969, c-service@tup.tsinghua.edu.cn
　　　　质量反馈：010-62772015, zhiliang@tup.tsinghua.edu.cn
印 装 者：北京嘉实印刷有限公司
经　　销：全国新华书店
开　　本：170mm×240mm　　　印　　张：14.25　　　字　　数：271千字
版　　次：2019年4月第1版　　2024年2月第2版　　　印　　次：2024年2月第1次印刷
定　　价：79.80元

产品编号：100494-01

前言

近几年，电商的发展速度之快、范围之广，令人咋舌，正是由于这样强劲的势头，让如何创新、转变电商模式成了广大运营者新的突破点。

线上线下的广大企业和商家该如何抓住新电商的机遇？如何进行新电商转型升级？这将是本书将要重点讨论的内容。本书将移动电商、内容电商、社交电商、短视频电商、直播电商、新媒体电商、小程序电商、团购电商和私域电商集中于一体进行介绍，是因为它们作为新电商的不同形式，在近几年发展势头最猛，商业价值也越来越大，而且作为公司或者商家，9 种新电商还可以同时进发、合作，为企业创造巨大的商业价值。

本书从理论和实战两个方面入手，主要讲解 9 种新电商的概念要点、代表平台、运营要点及模式优劣，具体内容如下表所示。

电商方式	概念要点	代表平台	运营要点	模式优劣
移动电商	以手机为移动载体而开展的各种电子商务	淘宝 App、京东	（1）进行内容的策略定位。 （2）进行内容的测试反馈。 （3）培养用户习惯。 （4）制定长期的运营方针。 （5）提供优质服务	优：精准的服务、高效的顾客黏性和随时随地性。 劣：用户信息安全存在隐患
内容电商	以优质内容为载体而开展的各种电子商务	微博、小红书	（1）精心打造内容。 （2）优化内容。 （3）推广内容	优："互联网＋"时代，各种新媒体平台将内容创业带入高潮，再加上移动社交平台的发展，为新媒体运用带来了全新的粉丝经济模式。 劣：平台选择、内容选取和变现时间需要慎重考虑

续表

电商方式	概念要点	代表平台	运营要点	模式优劣
社交电商	依托社交关系进行买卖交易的电商	拼多多、淘宝	（1）提供导购作用。 （2）进行社交互动。 （3）打造粉丝关系	优：比传统电商增加了更多社交化元素和互动形式，平衡了"社交"和"电商"的关系。 劣：太过依赖各种社交应用
短视频电商	以短视频为载体而开展的各种电子商务	抖音、视频号、B 站	（1）打造对用户具有吸引力的带货视频。 （2）熟练地掌握带货技巧	优： （1）流量池大。 （2）目前发展机遇大。 劣： （1）部分短视频内容质量较差，难以高效转化。 （2）行业竞争压力大，难以突出
直播电商	以直播活动为载体而开展的各种电子商务	抖音、快手	（1）选择好直播带货平台。 （2）保证优质的带货货源。 （3）搭建好专业的直播间	优：可以实时与用户进行沟通，更加详细地展示商品。 劣：开直播的人很多，但要想在直播中占据一席之地并不容易
新媒体电商	以新媒体平台为载体而开展的各种电子商务	今日头条、一点资讯、百度平台、网易新闻、知乎平台	（1）标题设计。 （2）正文撰写。 （3）关键词设置。 （4）用户拉新。 （5）用户留存	优： （1）提高了用户的参与体验，增强与用户的沟通和交流。 （2）扩大传播内容深度和广度。 劣： （1）同质化内容严重。 （2）审核不严，流量至上
小程序电商	以小程序为载体而开展的各种电子商务	微信小程序、抖音小程序	（1）打好感情牌。 （2）让用户认可。 （3）给用户惊喜。 （4）给内容化妆。 （5）调动积极性	优：体验优质、开发成本低。 劣：没有单独的入口，进入不方便，步骤多
团购电商	以团购的方式开展的各种电子商务	抖音、兴盛优选	（1）发布带有位置的视频。 （2）购买团购商品。 （3）查看返佣奖励	优： （1）能获得更优惠的价格。 （2）能加强用户间的互动。 劣： （1）售后问题解答渠道少。 （2）有发团要求，不具有随时随地性

电商方式	概念要点	代表平台	运营要点	模式优劣
私域电商	以私域流量为依托而开展的各种电子商务	微信、社群	(1) 将公域流量导入到私域流量池。 (2) 通过裂变来进行引流	优： (1) 降低营销成本。 (2) 提升投资回报率。 (3) 避免已有的老客户流失。 (4) 对塑造品牌价值有帮助。 (5) 能激励客户重复购买 劣： (1) 见效时间较长。 (2) 平台保障低，交易不安全，容易发生问题

本书系统介绍了新电商运营中的各个方面，电商运营新手可以将其当作快速了解整个行业的指导手册，而运营老手则可以将其作为一面镜子，对自己已有的知识体系查漏补缺。

本书由关键编著，参与编写的人员还有刘芳芳等人，在此表示感谢。由于作者知识水平有限，书中难免有不妥和疏漏之处，恳请广大读者批评、指正。

编　者

目　录

第1章　移动电商：进行便捷的
　　　　交易........................ 1

1.1　全面了解移动电商 2
　　1.1.1　电商 App 是电商企业
　　　　　　必争之地.....................2
　　1.1.2　电商 App 的设计与
　　　　　　运营技巧.....................3
1.2　淘宝店铺的运营技巧 6
　　1.2.1　电商运营策略..................6
　　1.2.2　视觉设计.....................10
　　1.2.3　进行店铺引流.................13
1.3　京东店铺的运营技巧 16
　　1.3.1　做好选品工作.................16
　　1.3.2　提升排名攻略.................29

第2章　内容电商：实现高效的
　　　　变现....................... 33

2.1　全方面了解内容电商 34
　　2.1.1　内容电商的发展现状..........34
　　2.1.2　内容电商变现的
　　　　　　注意事项....................35
2.2　内容的打造、优化与推广 38
　　2.2.1　精心打造内容产品............38
　　2.2.2　优化内容的技巧..............41
　　2.2.3　内容电商的推广技巧..........43
2.3　微博的运营技巧 45
　　2.3.1　内容的创作技巧..............45
　　2.3.2　寻找精准潜在客户............45

2.3.3　做好目标客户的转化......46
2.3.4　发布内容要选好时间......46
2.3.5　借助热门话题来引流......47
2.3.6　不能只注重各项数据......47
2.4　小红书的运营技巧 48
　　2.4.1　运营须知事项..................48
　　2.4.2　进行账号定位..................49
　　2.4.3　编辑个人资料..................49
　　2.4.4　了解平台机制..................50
　　2.4.5　提高账号权重..................51
　　2.4.6　找到选题方向..................51
　　2.4.7　设置封面标题..................53
　　2.4.8　进行粉丝运营..................54

第3章　社交电商：打造互通
　　　　关系网.................... 55

3.1　全方面了解社交电商 56
　　3.1.1　多元化的社交元素...........56
　　3.1.2　社交电商的核心特征.........57
3.2　拼多多店铺的运营技巧 58
　　3.2.1　免费引流....................58
　　3.2.2　活动引流....................59
　　3.2.3　推手引流....................60
3.3　淘宝店铺的运营技巧 61
　　3.3.1　天天特卖....................61
　　3.3.2　淘宝直播....................62
　　3.3.3　逛逛.......................63
　　3.3.4　淘友圈.....................63

3.3.5 淘宝群聊.........................65

第 4 章 短视频电商：带来更多
转化率.........................67

4.1 全面了解短视频电商.........68
4.1.1 带货短视频的打造
方法.........................68
4.1.2 短视频带货的技巧.........71
4.2 抖音电商的运营技巧.........76
4.2.1 接入第三方电商平台.........77
4.2.2 打造自营电商平台.........78
4.2.3 借助头条系二类电商
平台.........................79
4.3 视频号电商的运营技巧.........80
4.3.1 评论留言.........................81
4.3.2 设置信息.........................81
4.3.3 视频引流.........................81
4.3.4 创作优质内容.........82
4.3.5 添加话题标签.........83
4.3.6 添加定位.........................83
4.4 B 站电商的运营技巧.........84
4.4.1 视频投稿.........................84
4.4.2 视频引流.........................86
4.4.3 评论引流.........................89

第 5 章 直播电商：引爆带货
流量池.........................91

5.1 全方面了解直播电商.........92
5.1.1 选择直播带货平台.........92
5.1.2 保证优质带货货源.........92
5.1.3 搭建专业的直播间.........94
5.2 抖音直播带货的运营技巧.........95

5.2.1 抖音直播带货的实用
方法.........................95
5.2.2 提升直播间的转化
效果.........................102
5.3 快手直播带货的运营技巧.........108
5.3.1 快手直播带货的技巧.....108
5.3.2 直播引流的内容形式.....115

第 6 章 新媒体电商：顺应时代
新潮流.........................117

6.1 全面了解新媒体电商.........118
6.1.1 新媒体的七大类型.........118
6.1.2 新媒体电商营销的
特性.........................120
6.2 新媒体电商常用的运营平台.....120
6.2.1 今日头条（头条号）.....121
6.2.2 一点资讯（一点号）.....121
6.2.3 百度自媒体平台
（百家号）.................122
6.2.4 网易新闻（网易号）.....123
6.2.5 知乎平台.........................124
6.2.6 抖音.........................124
6.2.7 小红书.........................125
6.2.8 B 站.........................126
6.3 新媒体电商的运营技巧.........126
6.3.1 内容运营.........................127
6.3.2 用户的运营.........135

第 7 章 小程序电商：抢占电商
新赛道.........................141

7.1 全方面了解小程序电商.........142
7.1.1 主要优点.........142

7.1.2 运营技巧.....................142

7.2 微信小程序的运营技巧.....147

7.2.1 进行量身定制.....147

7.2.2 提高搜索排名.....153

7.3 抖音小程序的运营技巧.....160

7.3.1 找到小程序的主要

入口.....................160

7.3.2 熟悉注册发布流程.......163

第8章 团购电商：实现快速吸粉

引流.............................173

8.1 全方面了解团购电商................174

8.1.1 团购电商的表现形式.....174

8.1.2 团购带货的开通技巧.....174

8.1.3 参与团购带货的3个

步骤.........................177

8.2 抖音团购的运营技巧................180

8.2.1 拍摄与剪辑技巧.....180

8.2.2 具体的运营技巧............187

8.3 兴盛优选的运营技巧.................190

8.3.1 主要优势.....................190

8.3.2 运营技巧.....................191

第9章 私域电商：打造专属

流量池............................197

9.1 全方面了解私域电商...............198

9.1.1 正确理解私域电商.........198

9.1.2 私域流量的好处............200

9.1.3 强调"用户关系".........204

9.1.4 私域流量的变迁............206

9.1.5 私域电商的运营技巧.....207

9.2 微信的运营技巧.......................213

9.2.1 开发新客户.................213

9.2.2 维护老客户....................214

9.3 社群的运营技巧.......................215

9.3.1 直接绑定产品和

消费者.....................215

9.3.2 最大化地发挥流量

价值.........................215

第1章

移动电商：进行便捷的交易

学前提示

移动电商是以移动设备为移动载体而开展的各种电子商务，其中以移动设备上安装的各种电商 App 为主，主要有淘宝 App、京东等。

本章笔者就以淘宝店铺、京东店铺这两个店铺为例，为大家介绍其运营技巧，帮助大家更好地了解移动电商。

要点展示

➤ 全面了解移动电商

➤ 淘宝店铺的运营技巧

➤ 京东店铺的运营技巧

1.1 全面了解移动电商

移动电商离不开电商 App，本节笔者将为大家讲解电商 App 的相关内容，帮助大家更全面地了解移动电商相关的内容。

1.1.1 电商 App 是电商企业必争之地

前几年，有很多企业选择在互联网上进行形象的展示和业务的推广，吸引消费者的浏览和关注，所以很多企业把建设一个宣传型的网站作为互联网宣传的第一步。同样，在移动互联网时代，谁先占领用户的手机桌面，谁就是"明日霸主"，而 App 则因具有优秀的移动互联网基因，成了电商企业的必争之地。

1. 电商 App 可助力企业电商营销

电商 App 之所以成为企业移动营销的首选，是因为电商 App 的一些优点很吸引商家企业，包括精准的服务、极高的顾客黏性，还有助于产品促销，所以深受目标群众的喜爱。电商 App 有众多优势，是产品推销过程中的一大助力，所以企业大都选择将电商 App 作为移动电商工具，如图 1-1 所示。

图 1-1 App 成了企业的电商平台

在移动互联网时代，企业更多地希望通过互联网和客户有紧密的联系，而定制 App 的出现，实现了这种可能。在用户使用 App 的时候，企业可以通过 App 实现低成本、高效率的营销，从而提高企业在众多同行中的辨识度。

电商 App 发展初期，大批量的用户是移动 App 能够良好发展的基础。现在移动网民的数量快速增长，移动互联网发展迅速，电商 App 发展的前景乐观。手机 App 营销已经取代传统的营销模式。

如今，更多的人已经从电脑前被解放出来，进入了更加方便、灵活的移动互联网时代，并且更多人愿意通过电商 App 进行网上购物。

2. 电商 App 可提升企业品牌认可度

App 的开发需要有利的市场环境和一定的成本，最先想到开发 App 做品牌的是品牌商，品牌商作为技术的尝鲜者和践行者，成了推动移动新技术的领头人。

品牌 App 营销是通过 App，运用各种市场营销策略，使目标客户对企业品牌以及服务形成"认知—认识—认可"的这样一个过程。通过 App 平台的品牌营销，让品牌商与消费者产生良性的互动，把品牌商背后的企业形象较好地展现到消费者面前，从而让消费者在心中形成对品牌和对企业产品的认可，品牌 App 营销的方式如图 1-2 所示。

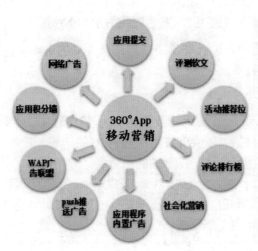

图 1-2　360°App 移动品牌营销

对于企业来说，App 的主要作用就是提高企业的曝光率和销售额，从而提升企业形象。App 能直观全面地树立企业品牌形象，有效加快企业工作效率。通过用户体验，深层次挖掘用户需求和个体喜好，更大程度上实现企业和潜在客户的双赢局面。

1.1.2　电商 App 的设计与运营技巧

在电商 App 的具体设计过程中，设计理念直接影响着 App 的最终呈现效果。而且企业如果没有 App，仅凭官方网站和其他媒体很难在信息繁杂的互联网时代影响到每一位用户，只有通过电商 App 与微信公众平台等渠道互相配合的方式，才能进一步提升企业的影响力，吸引更多用户。接下来，笔者主要为大家讲解电商 App 的设计及运营技巧。

1. 视觉审美设计

大众的视觉审美观往往差异化较大，而电商 App 在用户视觉上的设计目标主要是在保证清晰的同时符合大部分用户的审美。对于 App 而言，视觉审美主要集中在 6 个方面，如图 1-3 所示。

图 1-3　视觉审美设计的 6 个方面

如果电商 App 的视觉设计非常清晰且符合大众的审美，那么不仅会吸引用户，还能够提高用户的购物率。

2. 购物体验设计

用户体验就是电商 App 的用户在使用 App 的过程中，逐步建立起来的一种感受。当用户体验是良性的，就会促进用户对 App 的认可，良好的用户体验可以提高好评率和购物体验；当用户体验是恶性的，就会导致用户卸载 App。

无论是在设计 App 时，还是在 App 正式运作时，考虑用户体验都是一件十分重要的事情。通过用户间自发式的传播所获得的宣传效果，远比 App 进行商业广告运作要更加有效，成本也更加低廉。

优秀的电商 App 通常会通过个性化的设计和内容来完善自身其他方面的不足，从而提升用户的移动端购物体验。

3. 内容运营技巧

内容为王，优质的内容是电商 App 内容营销获得成功的基础。下面为大家介绍内容运营的相关技巧。

1）内容策略定位

对于电商 App 平台而言，把握每一次与用户的相遇，了解每一位用户的心理，尽力去满足用户的每一个需求，都是内容策略定位的表现。

2）内容测试反馈

电商 App 的内容需要根据用户的需求而定，所以内容的测试反馈就成了

App 内容运营必不可少的重要环节。除了内容设计上的测试反馈之外，在 App 正式上线之后，App 的内容运营团队同样可以采用调查问卷的方式获得用户的相关信息反馈。

3）培养用户习惯

对于电商 App 而言，培养用户习惯首先需要让内容的表现形式与用户已有的习惯保持一致。在内容的表现上，电商行业中的淘宝 App 具有一定的代表性。图 1-4 所示为淘宝 App 的主页和商品信息页。

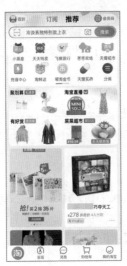

图 1-4 淘宝 App 的主页和商品信息页

淘宝 App 的主页在内容表示上非常明确，且主次有别，根据重要程度的不同恰到好处地分别进行展示，符合用户的浏览习惯。对于商品信息页，淘宝 App 以简洁的表现方式为主，突出商品信息内容，这种内容的展示方式非常适合新创的电商 App 进行借鉴。

在 App 上，在固定的某一个时间引导用户做同一件事情，也是培养用户查看 App 内容习惯的一个常见做法，其中大部分 App 采用的就是签到模式。

4）长期运营方针

大部分用户的智能手机上都下载有大量的 App，比如淘宝、百度、微信、QQ 等，但是用户平均每天都会用到的 App 不足 10 款，电商企业要想让 App 成为用户每天都会使用的 App，这就要求 App 必须有长期的运营方针。

能够成为大众生活中必需品的电商 App，往往都有一段较长的发展期，如果一款 App 的长期发展潜力有限，就更不可能成为让用户认可的 App 了。App 的长期运营方针可以从如下所述的 4 个方面入手。

（1）逐步完善App功能。

App必须设计出满足用户需求的产品功能，无论是工具的高效性，还是内容的价值体现，或者是用户之间的活跃气氛，都需要有与之对应的功能作为基本的发展条件。新功能的开发与老功能的迭代，是App实现长期发展的主要动力。

（2）平台内容及时更新。

功能与内容始终是App用户最关注的两个方面，除了功能上的逐步完善，内容的更新也是App获得长期发展的基础。

（3）利用活跃用户的力量。

活跃用户往往会带动周围的朋友一起使用同一款App，社交类App就是最能发挥活跃用户力量的平台，电商App也要学会利用活跃用户的力量，来提高平台的知名度。

（4）用积分体系吸引用户。

为了App的长期发展，App往往也会推出积分体系来培养用户长期使用的习惯。App中常见的积分体系主要有积分兑换物品、积分等级特权、积分抵现以及积分勋章等。

5）互动产生内容

互动是App上内容的主要来源，更是体现App价值的重要方面，互动主要是用户与企业或产品之间的互动，也包括用户之间的互动，这两种互动模式都能够促进平台上内容的产生，并且让用户保持长期使用的习惯。

6）提供优质服务

在App提供的优质服务中，与App自身特性相吻合的功能服务是对用户影响最大的。除了功能服务之外，还需要注意的另外一个方面的服务就是及时的人工服务。

当App能够为用户提供特色的功能服务时，优质服务的打造也就更加快捷化。如果App不能为用户提供独一无二的功能服务，就需要从人工服务或其他方面入手，提供以用户为核心的优质服务。

1.2　淘宝店铺的运营技巧

随着移动电商的崛起，淘宝App作为移动电商的代表之一，用淘宝App购物已经成为人们生活中很重要的一部分。作为运营者，想要经营淘宝店铺，了解淘宝App相关内容是非常重要的。本节笔者将为大家讲解淘宝店铺的运营技巧。

1.2.1　电商运营策略

淘宝店铺客户端依托自身强大的优势，每天给用户提供各类产品信息和各类能够提升消费者消费体验的功能，具体内容如下。

- 找相似。
- 类比价格。
- 搜索功能。
- 收藏功能。
- 订单管理。
- 导航。

淘宝店铺、天猫店铺在潜移默化地改变着人们的生活，下面将为大家介绍淘宝店铺、天猫店铺的移动电商运营策略。

1. 明确店铺市场定位

店铺需要一个准确的市场定位，因为只有对市场和产品定位做到心中有数，才能在激烈的竞争中，占据一席之地。

店铺前期市场定位的准备工作包括：产品定位、市场考察、货源渠道、店铺设计等，如图 1-5 所示。

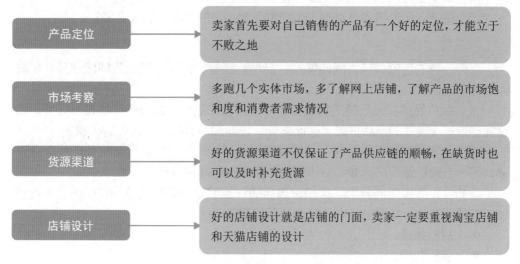

图 1-5 店铺前期市场定位的准备工作

作为刚起步的淘宝、天猫卖家，在做市场定位时应该明确以下几点原则。

1）选择类目的原则

俗话说"隔行如隔山"，这是因为每一行都有自己的门道、自己的特点，因此创业者需要不断积累经验，选择最适合自己的创业类目。那么，创业者要如何选择自己的类目呢？可以遵从以下几项原则。

（1）货源广：有广泛的货源，如开服装店是因为自己家附近有大型衣帽批发市场。

（2）行业前景好：卖家看中该行业的前景，知道一定会赚钱。

（3）卖家个人兴趣：根据自己的兴趣来定，这种情况一定要坚持下去，哪怕一开始不容易，后面也会越来越好的。

2）给目标用户进行定位

每个消费者都有自己的购物需求，卖家要对不同消费者分别进行定位，并采取不同的营销策略来进行有针对性的营销。

不过，几乎没有人刚开始就能精确定位，所以创业者需要不断地进行调整，最好是通过经营过程中不断积累的经验来对目标用户进行定位。

3）店铺的几种营销策略

通常来说，店铺的营销策略有以下几种。

（1）价格：利用低价来跑量，实现薄利多销的销售目的。

（2）专业：利用自己的专业知识博取顾客的信任。

（3）特色：店里的产品可以做到"人无我有，人有我优"。

（4）增值：提供超出买家期望的增值服务。

（5）感情：和消费者多交流，用情感引起用户的共鸣，促成交易。

2. 做好店铺装修设计

富有特色的店铺装修，既能够推广品牌，还能将自己与其他店铺区分开来，具体说明如下。

（1）推广品牌：为店铺进行装修，可以将企业品牌形象展示在消费者面前，给企业塑造一个完美的品牌形象。除此之外，还能加深消费者对企业的印象。

（2）与其他店铺区分开来：店铺装修一方面能将自己的店铺与其他店铺区分开来，另一方面能够增加消费者对店铺的认知度和心理接受度。

现如今，淘宝店铺分为旺铺和普通店铺，但不论是哪种店铺，其店铺装修内容和方向是一致的，都要进行以下几个项目的装修。

- 店标装修。
- 店招装修。
- 活动页装修。
- 公告装修。
- 自定义页装修。
- 宝贝页模板装修。

3. "分享+"引爆无线社交推广

开通"分享+"功能后，系统会对商品详情页进行升级，显示分享的标签，激励消费者进行分享引流，淘宝商家将免费获得优质的社交流量，如图1-6所示。

同时，只有在"分享＋"服务带来的流量形成转化后，商家才需要支付相应的淘宝客佣金。

图1-6 通过"分享＋"引流

4. SEO 优化提升店铺排名

SEO（Search Engine Optimization，搜索引擎优化）是指通过对网站内部调整优化及站外优化，使网站满足搜索引擎收录排名需求，在搜索引擎中提高关键词排名，从而把精准用户带到网站，获得免费流量，促成销售并产生品牌推广效果。

淘宝店铺的 SEO 优化，就是利用淘宝搜索排名的规则，让卖家的产品展示给搜索人群。简单说，就是当卖家的目标客户搜索卖家的产品时，利用一些方法将卖家的产品展示在搜索结果的前面。

目前，DSR 评分是淘宝产品优化排行的一个重要的权重因素，DSR（Detail Seller Rating，卖家服务评级系统），DSR 的 3 个评分指标为：商品描述、卖家服务和物流速度。因此卖家们的营销重心需要从量向质的方向转移，如图 1-7 所示。

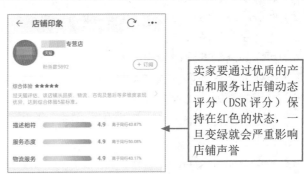

卖家要通过优质的产品和服务让店铺动态评分（DSR 评分）保持在红色的状态，一旦变绿就会严重影响店铺声誉

图1-7 店铺 DSR 评分

1.2.2　视觉设计

视觉营销逐渐成为网店重要营销手段，所以运营者要重视图文内容设计。在淘宝店铺和天猫店铺的装修和产品的图文内容设计中，需要运用视觉效果为消费者营造一种赏心悦目的店面氛围。

1. 三大元素

淘宝、天猫店铺运营者只有注重视觉设计，才能保证良好的视觉营销效果。基本的视觉设计元素主要分为三大类型，即点、线、面。接下来，笔者对视觉设计元素中的点、线、面进行详细介绍。

1）点：简单的焦点视觉感

点属于最为简单的视觉图形，合理运用就能产生良好的视觉效果。在淘宝、天猫店铺的视觉设计中随处可见视觉图形点的运用。

2）线：富有动感的视觉效果

线和点不同的地方在于，线产生的视觉效果是动态的，富有动感，能带给人一种舒适的视觉享受，同时也能够在消费者心中留下深刻印象。

3）面：让视觉效果更丰富

面是点放大后的呈现形式，在设计时通常以不同的形状表现，如三角形、正方形、圆形等，还可以是不规则的形状。

在淘宝天猫店铺的视觉设计中采用不同平面的拼接、组合，突出产品的卖点，从而使营销产品的视觉效果更加丰富。利用不同板块的衔接、不同色彩的组合带来的强烈视觉对比，向用户呈现出绝佳的视觉效果，从而达到视觉设计的目的。

2. 文案设计

电商文案多指以文字进行广告信息内容表现。在电商企业里，一个优秀的文案，可以起到多方面的作用，具体如下。

（1）提升单品转化率。

（2）促进产品连带销售。

（3）提升受众品牌印象。

（4）可作为店铺的超级导购员。

（5）可作为店铺的形象推广大使。

（6）向用户灌输品牌理念。

（7）提高静默转化率（指消费者没有咨询，就直接下单购买）。

（8）减少客服查单压力。

（9）降低单品跳失率。

（10）给产品增加附加值。

电商视觉营销文案，主要通过在消费者的视觉体验上下功夫，引起消费者的共鸣，从而达到营销的目的。在电商行业中，最常见的文案就是卖点营销文案、痛点营销文案、促销营销文案、活动营销文案以及产品营销文案这五大电商视觉营销文案，如图 1-8 所示。

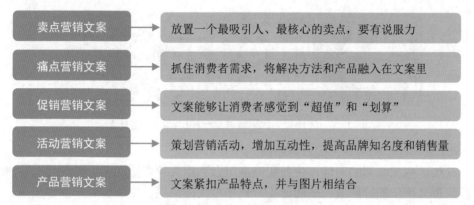

图 1-8　五大电商视觉营销文案

需要注意的是，产品营销文案一般没有字数限制，但突出内容最好是在 30 个字以内，这样可以避免消费者失去继续查看企业产品文案的耐心。

3. 图文设计

视觉营销归根结底是信息传递的过程，利用表达效果较好的视觉表达方式向他人传递有关信息，引起他人关注，最终达到营销目的。因此，在视觉营销过程中，应注重视觉信息表达的准确、到位。

1）时效性：及时给用户第一印象

时效在视觉营销中占据着举足轻重的地位。在这个信息大爆炸的时代，信息不仅繁杂，而且发布、传播速度 都很快，要想引起消费者的关注，就要抢占最佳时机，做到分秒必争。

2）利益性：锁定第一利益敏感词

要想利用视觉效果传递令他人感兴趣的信息，首先就应该锁定消费者的基本利益需求。一般而言，当消费者在浏览信息时，如果看到了"赠送"或者"优惠"等字眼，就容易激发他们的想获益的心理需求，引起他们的关注，从而提高点击率，如图 1-9 所示。

3）信任感：加入最佳服务信息

基于在线购物存在安全隐患，很多消费者对产品以及商家都缺乏足够的信任感，因此在传达信息的时候加入售后服务热线和退货服务等信息能够让消费者放心购物，从而提升店铺访客的转化率。

在视觉营销过程中，商家应为消费者提供真实可信的产品信息以及相关产品服务信息，从而提高消费者对产品以及商家的信任度，最终提高商品的销售额。另外，在视觉营销中加入最佳服务信息，有利于增强消费者对店铺的好感，扩大品牌影响力。

图 1-9　店铺里的优惠券就是一种视觉利益性设计

4）认同感：利用名人提升好感度

在传达视觉信息的时候，企业和商家可以利用大家喜爱的名人来获得消费者的认同，提升用户的好感度，从而让用户更多地关注商品，最终提高产品销售量，达到视觉营销的目标。

5）价值感：抓住用户取向和喜好

传达信息要准确，并且要清楚地分配每个页面的具体内容，而做好这些工作的基础就是深度了解目标受众的取向和喜好，体现视觉信息的价值。在页面上传达信息时，可以直接注明重要信息，并加上序号，起到突出强调作用，值得注意的是标注的信息要注重语言的精炼，注重核心信息的传达，如图 1-10 所示。

图 1-10　通过图文传递商品价值

6）细节感：重点突出，细节到位

在传递视觉信息时要注重视觉细节的准确、到位。这里的细节到位不是说面面俱到，越详细越好，因为图形的范围有限，消费者能够接收的信息也是有限的，如果一味地追求细节的丰富性，就会使读者陷入满屏的信息之中，无法凸显重点。那么，怎样才能让视觉的细节到位呢？笔者将方法总结如下。

- 突出打折、新品等重要的视觉信息。
- 颜色对比要协调。
- 避免无关的信息出现。

专家提醒

人不可能同时看到所有的细节，因此视觉设计只要突出想要传达的信息就好了。多余的细节只会造成画面的混乱，影响用户对重要信息的获取，继而导致视觉营销效果的不佳。

1.2.3　进行店铺引流

对于电商行业来说，流量的重要性显然是不言而喻的，很多商家都在利用各种各样的方法来为店铺和产品引流，目的就是希望能够提升产品销量，打造爆款商品。流量的提升说难不难，说容易也不容易，关键是看你怎么做，舍得花钱的可以采用付费渠道来引流，规模小的店铺则可以充分利用免费流量来提升产品曝光度。下面笔者主要介绍一些重要的引流技巧，帮助商家提升产品权重引爆流量。

1. 学会"找词"优化商品标题

商品标题是体现商品品牌、属性、品名和规格等信息的文字。商家在做标题优化的时候，首要工作就是"找词"，即找各种热门关键词的数据，可以通过淘宝网首页高级搜索、淘宝排行榜以及官方数据工具等来搜集，关键词包括商品的款式、属性、价格以及卖点等，把这些做标题要用到的关键词都记下来。

图 1-11 所示为淘宝搜索下的热门关键词。商家可以先针对自己的商品类目，搜集大量的热词。

图 1-11　淘宝搜索下的热门关键词

当我们搜集到很多标题关键词后，有些词不一定适合商品使用，那么我们就需要进行一个筛选工作，可以重点看关键词的转化率、商品数量、商品的销量以及对应的人群等维度。例如，在淘宝排行榜里面，每一个关键词对应的关注指数都不同，有些词看似与你的产品相关，但其转化率可能非常低，甚至可能为零，因此这种关键词就没有什么用处。

接下来还要考虑店铺面向的是 PC 端还是无线端，因为搜索同样的关键词，其下拉词都是不同的，如图 1-12 所示。这里推荐商家尽可能将无线端放在首位，因为无线端的下拉词明显要更多一些，我们在做商品标题时就可以利用这里面的热搜词。商家可以分析无线端的消费搜索习惯，来搭配组合自己的核心关键词。

图 1-12　PC 端和无线端的下拉词

接着就是将系统的核心词找出来，可以通过官方数据工具来寻找系统给到的核心词，特别是其中的系统飙升词，一定要放到标题中去。

另外，商家还可以增加更多的找词渠道。如在 PC 端搜索关键词后，可以在结果页面看到一个"您是不是想找"模块；而在无线端在搜索结果界面中不断上滑，中间会出现"大家都在搜"板块，有很多搜索热词，这些词也很重要，如图 1-13 所示。

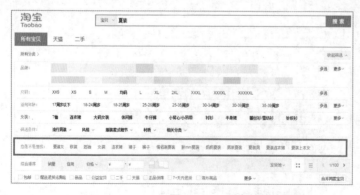

图 1-13　更多的找词渠道

2. 善用"猜你喜欢"板块，实现流量暴涨

"猜你喜欢"板块非常重要，转化率很高。"猜你喜欢"是根据消费者的浏览、收藏、购物车和下单购买等人气模型来生成的商品列表，非常符合消费者目前的购物需求，是他们当下最想买的东西。图 1-14 所示为"猜你喜欢"板块。如果商家能够善用"猜你喜欢"板块，流量将会瞬间暴涨。

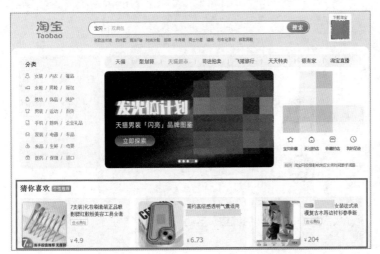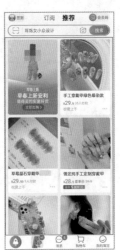

图 1-14　"猜你喜欢"板块

3. 利用促销活动促进产品销量

淘宝的基础促销活动主要有搭配宝、优惠券和店铺宝等，接下来分别进行介绍。

（1）搭配宝：搭配宝通过加入智能算法，为消费者推荐合适的搭配商品，从而提升客单价和转化率；同时，搭配宝将有机会与普通商品同时进入搜索页面，让消费者主动搜索，成为引流利器。

（2）优惠券：优惠券是一种可以通过多种渠道推广的电子券，包括店铺优惠券和商品优惠券两种，商家通过设置优惠金额和使用门槛，刺激转化提高客单价，如图 1-15 所示。

图 1-15　店铺优惠券活动

（3）店铺宝：也就是以往的"满就送（减）"活动，支持创建部分商品或全店商品的满减 / 满折 / 满包邮 / 满送权益 / 满送赠品等营销活动，是一款提升客单价的利器，如图 1-16 所示。

图 1-16　"店铺宝"活动

1.3　京东店铺的运营技巧

提起电商的代表平台，就不得不提京东，它也是移动电商的代表之一，同样拥有着巨大的流量池。那么，作为运营者，如果想要在京东开店销售，应该怎么去做呢？本节笔者就为大家讲解京东店铺的运营技巧。

1.3.1　做好选品工作

要在网上开店，首先就要有适合通过网络销售的商品，但并非所有适合网上销售的商品都适合在京东开店销售。下面笔者将为大家讲解如何做好选品工作，希望商家能够通过类目环境、买家人群等维度，得出有市场潜力的商品；通过店铺后台数据分析，明确选品的要素和属性定位。

1. 市场定位

市场定位是确定商家及产品在目标市场上所处的位置，在京东店铺运营中，市场定位的主要工作如图 1-17 所示。

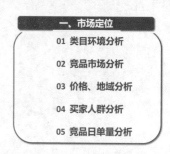

图 1-17　市场定位的主要工作

1）类目环境分析

下面以精品男包为例，介绍类目环境分析的具体思路。在京东主页，找到并选择"女鞋/箱包/钟表/珠宝"中的"精品男包"二级类目，如图 1-18 所示。

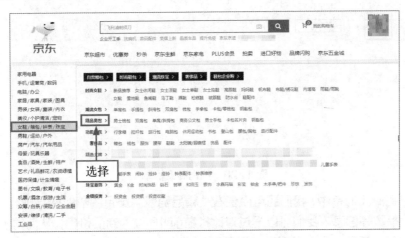

图 1-18　选择"精品男包"二级类目

进入"精品男包"页面后，可以看到整个二级类目大环境的具体情况，比如正在做哪些类目活动，类目中各子行业市场情况，例如最热推荐、全部分类、精选品牌等，如图 1-19 所示。

图 1-19　"精品男包"页面

下面，我们可以通过京东商智来分析功能箱包的类目。登录进入京东商智首页，单击"行业"按钮，进入"市场行情"页面，在此页面中的"行业实时"列表框中选择"功能箱包"，即可查看热销商家榜单以及交易指数情况，如图 1-20 所示。

图 1-20　热销商家榜单

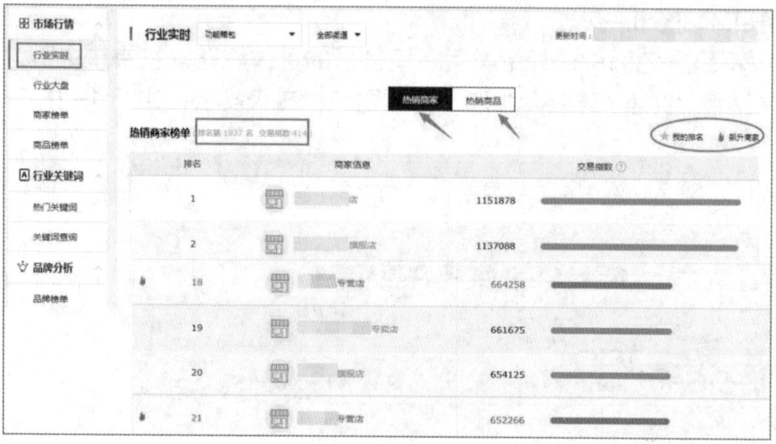

　　在热销商品榜单中，我们还可以查看"精品男包"类目中热卖商品排行、京东价格、交易指数等信息，我们可以通过对比排在前 10 位的商品价格，从而得出热销排名前面的单品都是什么产品多些，以及卖什么价位，找到一个合适的销售价格区间，来给我们的产品价格进行定位，如图 1-21 所示。行业实时的数据每 3 分钟更新一次，交易指数计算是按照下单金额、下单件数综合得到的指标。

图 1-21　热销商品榜单

　　如图 1-22 所示，通过观察"精品男包"近一年的行业大盘走势，可以发现整个类目全年无明显的淡旺季，6 月、11 月份是高峰，1 月份是低谷。

　　行业对比功能可以将店铺所在二级类目及该二级类目下所有三级类目之间两两进行对比，从而发现其中的差距。"精品男包"类目下不同子行业之间年度、月份各维度进行对比，如图 1-23 所示。

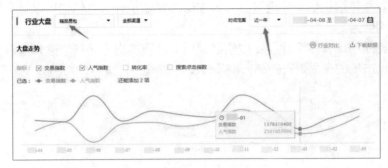

图 1-22　行业大盘走势

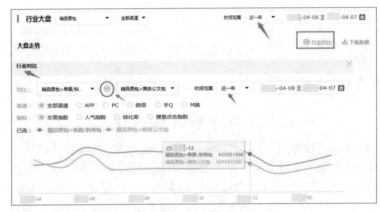

图 1-23　行业对比

在"子行业排行"页面中，当在行业选择处选择"精品男包"二级类目时，会看到该二级类目下所有三级类目的排行情况，主要品类为男士钱包、单肩/斜挎包、商务公文包、男士手包等，如图 1-24 所示。

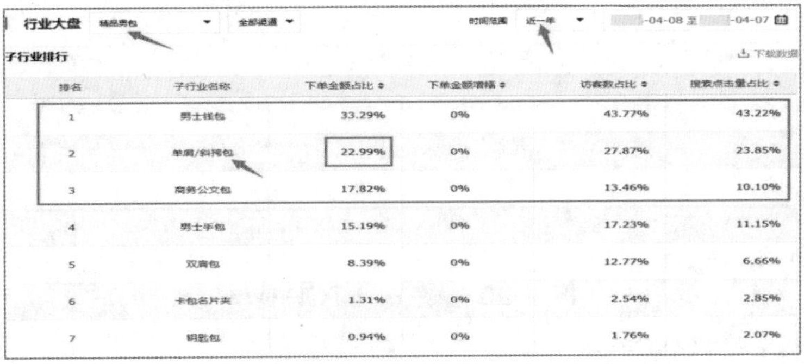

排名	子行业名称	下单金额占比 ⇕	下单金额增幅 ⇕	访客数占比 ⇕	搜索点击量占比 ⇕
1	男士钱包	33.29%	0%	43.77%	43.22%
2	单肩/斜挎包	22.99%	0%	27.87%	23.85%
3	商务公文包	17.82%	0%	13.46%	10.10%
4	男士手包	15.19%	0%	17.23%	11.15%
5	双肩包	8.39%	0%	12.77%	6.66%
6	卡包名片夹	1.31%	0%	2.54%	2.85%
7	钥匙包	0.94%	0%	1.76%	2.07%

图 1-24　子行业排行

2）竞品市场分析

除了对整体的类目大环境进行分析来做市场定位外，我们也可以从竞品市场来分析产品的优劣。

关注竞品市场有三个途径：搜索结果页面、直接进入链接、搜索查看单品。然后分析竞品市场的交易飙升榜单，按品牌交易增幅进行排名，如图1-25所示。

图1-25　交易飙升TOP榜单

最后分析竞品市场的人气飙升TOP榜单，按品牌人气增幅排行反映行业头部品牌情况，如图1-26所示。另外，商家也可以使用品牌分析功能分析选定的品牌，品牌选择框默认展示所选行业按交易指数排名前10的品牌，通过品牌下拉列表上的搜索框可以搜索到目标品牌，选定目标品牌即可看到该品牌的相关数据。

图1-26　人气飙升TOP榜单

3）价格、地域分析

例如，在京东搜索"黑枸杞"这个关键词，那么，"黑枸杞"的主要热销商品的价格区间在哪里呢？爆款最优价格又是多少？可以在价位矩形框中查看不同的销售价格区间，以及最受消费者欢迎的价格区间，如图 1-27 所示。对于不同层次的消费群体来说，价格可能是区分他们最好用的一个维度了。

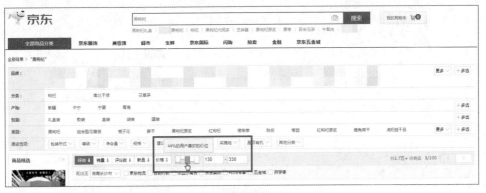

图 1-27　查看商品的销售价格区间

在"关键词查询"页面中搜索"黑枸杞"，在下面的价格分布模块中，有点击分布和成交分布两个子模块，点击分布是用户在搜索这个关键词之后，在属性筛选中，选择各价格段的点击数的分布；成交分布是这个关键词下成交的价格分布，在此可以查看到商品最优价格区间，对商品的定价及用户心理价格的判断有一定的指导意义，如图 1-28 所示。

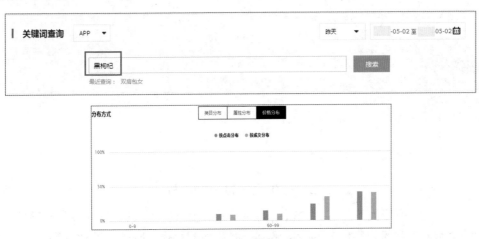

图 1-28　关键词价格分布

接下来选择客户分析中的潜在客户分析模块，在"地区"模块中可以查看成交人数占比的最高区域，在左侧单击地图中的相应省份，可以查看该省份的成交人数占比以及省份排名位置；在右侧还可以查看买家地域分布的省份排行情况，可以从中找到成交量比较高的地域，如图 1-29 所示。当我们在做线上定向推广时，可以针对这些热门地域进行重点宣传。

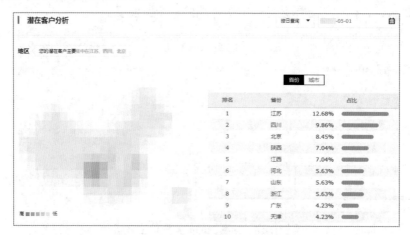

图 1-29　分析成交人数占比较高的区域

4）买家人群分析

了解客户是商家需要做的第一件事，这对店铺整体的运营有至关重要的影响。图 1-30 所示为潜在客户分析中的年龄分析，从而得出自身店铺潜在客户人群的年龄段，由图可知，潜在客户主要集中在 36 ~ 45 岁。

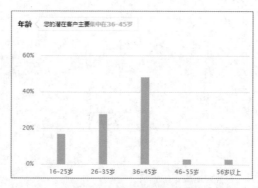

图 1-30　潜在客户年龄分析

图 1-31 所示为下单客户分析中的评论敏感度分析，根据客户好评数和好评率的两个因素，系统将客户分为极度敏感、高度敏感、轻度敏感、不敏感等。之后商家在计划创建营销活动时，可以根据营销目的选择不同的评论敏感度人群，方便更精准、精细化地运营。

5）竞品日销量分析

我们如何预估竞品的日均销量？竞品日销量分析主要包括竞品流量来源和日均

销量计算两个方面，有以下两种方法。

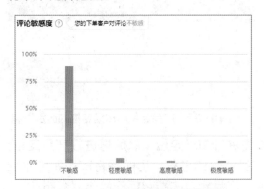

图1-31 下单客户评论敏感度分析

方法一：首先分析竞品流量来源详情，即竞品在各个端口的转化率和对应的访客数（如图1-32所示），从而计算出各端口的日单量和全部渠道的日总单量。

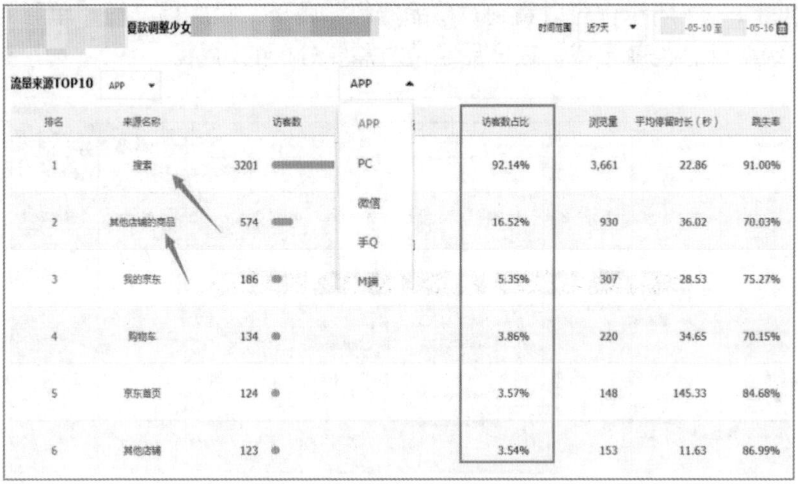

图1-32 行业整体趋势

计算公式：竞品的日均单量=各个端口的访客数 × 各端口对应的转化率（单项渠道访客数/所占比例）÷7天，最后再相加。

方法二：分析竞品在各个端口的转化率和主推关键词（相关词）的访客数。

计算公式：同一关键词竞品日单量=各个端口下近7天关键词的访客数总和 × 各端口对应转化率÷7天，得出各端口下主推关键词日均单量，最后再相加。

2. 产品定位

产品定位与市场定位绝不是同一个概念，它们有本质的区别，如图1-33所示。

图 1-33　产品定位与市场定位的区别

通常来说，应该先进行市场定位，然后再进行产品定位。产品定位是对目标市场的选择与企业产品结合的过程，也即是将市场定位企业化、产品化的工作。对于京东的商家来说，产品定位主要包括三级类目分析和产品属性定位分析两个方面。

1）三级类目分析

三级类目分析与前面的类目环境分析比较类似，以"精品男包＞单肩／斜挎包"为例，如图 1-34 所示，可以看到"精品男包"属于二级类目，而"单肩／斜挎包"则属于三级类目，也就是我们在产品定位时需要分析的对象。

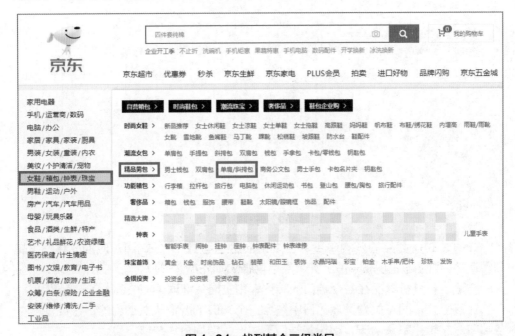

图 1-34　找到某个三级类目

选择"单肩／斜挎包"，进入三级类目详情页面后，首先可以看到各种属性词，如品牌、颜色、材质、类别以及高级选项等，如图 1-35 所示。

图1-35　三级类目详情页面

进入京东商智后台的"属性分析→属性概况"页面，选择"精品男包＞单肩／斜挎包"，在"选择属性"列表框中可以选择相应的选项进行属性分析，包括主体属性和扩展属性两类，从而找出热卖商品的属性，如图1-36所示。

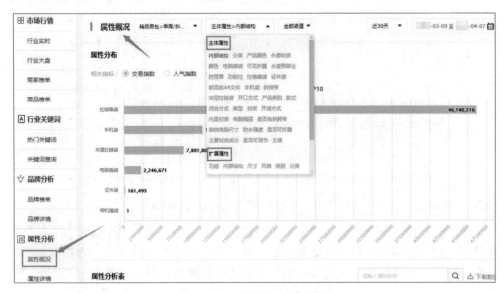

图1-36　"属性概况"页面

2）产品属性定位分析

图1-37所示为"精品男包＞单肩／斜挎包"类目的各个属性维度数据分析表，包括属性名称、交易指数、人气指数、店铺数量、商品数量、店铺排名、商品排名等。单击右上角的"下载"按钮，即可下载产品的属性分析数据。

下载后我们就可以通过Excel表格来分析商品属性了，而且还可以对其进行加工处理。例如，我在适用年龄的数据属性表中引入了一个竞争度的属性，并且添加了一个计算公式，让我们可以非常清晰地看到每产生一个成交用户，会有多少商品参与竞争，如图1-38所示。一般来说，竞争度越小越好。

序号	属性名称	交易指数 ⇅	人气指数 ⇅	店铺数量 ⇅	商品数量 ⇅	店铺排名	商品排名
1	拉链暗袋	46,140,216	193,751,688	1716	47853	查看	查看
2	手机袋	10,374,171	58,010,403	1121	12757	查看	查看
3	夹层拉链袋	7,891,804	28,533,520	1055	6332	查看	查看
4	电脑插袋	2,246,671	12,409,790	834	11452	查看	查看
5	证件袋	161,493	956,591	656	10134	查看	查看
6	相机插袋	1	1	133	771	查看	查看

序号	行业名称	属性名称	交易指数	人气指数	店铺数量	商品数量
1	精品男包-单肩/斜挎包	拉链暗袋	46140216	193751688	1716	47853
2	精品男包-单肩/斜挎包	手机袋	10374171	58010403	1121	12757
3	精品男包-单肩/斜挎包	夹层拉链袋	7891804	28533520	1055	6332
4	精品男包-单肩/斜挎包	电脑插袋	2246671	12409790	834	11452
5	精品男包-单肩/斜挎包	证件袋	161493	956591	656	10134
6	精品男包-单肩/斜挎包	相机插袋	1	1	133	771

图 1-37 "精品男包＞单肩／斜挎包"类目内部结构属性的数据下载

内部结构（单肩/斜挎包）

序号	行业名称	属性名称	交易指数	人气指数	店铺数量	商品数量	竞争度（越小越好）
1	精品男包-单肩/斜挎包	拉链暗袋	46140216	193751688	1716	47853	0.10%
2	精品男包-单肩/斜挎包	手机袋	10374171	58010403	1121	12757	0.12%
3	精品男包-单肩/斜挎包	夹层拉链袋	7891804	28533520	1055	6332	0.08%
4	精品男包-单肩/斜挎包	电脑插袋	2246671	12409790	834	11452	0.51%
5	精品男包-单肩/斜挎包	证件袋	161493	956591	656	10134	6.28%
6	精品男包-单肩/斜挎包	相机插袋	1	1	133	771	77100.00%

数据处理：竞争度=商品数量/成交指数，多少个商品争夺一笔成交。

图 1-38 对属性分析表格进行数据处理

通过表格我们可以分析出"夹层拉链袋"与"拉链暗袋"这个属性名称的竞争度是最小的，说明这个市场会比较好做一些，而且这个方法适用于所有的商品类目属性，如"精品男包＞单肩／斜挎包"类目的颜色属性、开袋方式、分类属性、外部材质、款式属性、适用人群、风格属性、价格属性等，如图 1-39 所示。

颜色属性（单肩/斜挎包）

序号	行业名称	属性名称	交易指数	人气指数	店铺数量	商品数量	竞争度（越小越好）
1	精品男包-单肩/斜挎包	黑色	49708906	206382659	1833	48679	0.10%
2	精品男包-单肩/斜挎包	其它	11740558	49021075	1070	28523	0.24%
3	精品男包-单肩/斜挎包	棕色	5731879	27283877	738	7856	0.14%
4	精品男包-单肩/斜挎包	蓝色	4354434	17213927	982	5196	0.12%
5	精品男包-单肩/斜挎包	红色	1026255	4714039	742	5535	0.54%
6	精品男包-单肩/斜挎包	灰色	661103	6329016	547	2184	0.33%
7	精品男包-单肩/斜挎包	咖色	145608	383100	461	2316	1.59%
8	精品男包-单肩/斜挎包	印花	1	1	126	413	41300.00%
9	精品男包-单肩/斜挎包	拼色	1	1	113	244	24400.00%

图 1-39 商品类目属性分析表格

开袋方式（单肩/斜挎包）

序号	行业名称	属性名称	交易指数	人气指数	店铺数量	商品数量	竞争度（越小越好）
1	精品男包-单肩/斜挎包	拉链	64965895	260295805	1830	50622	0.08%
2	精品男包-单肩/斜挎包	拉链暗袋	50163696	199750020	1786	36747	0.07%
3	精品男包-单肩/斜挎包	拉链搭扣	10294260	52684567	1122	8229	0.08%
4	精品男包-单肩/斜挎包	包盖式	5977836	39117200	1054	14039	0.23%
5	精品男包-单肩/斜挎包	其它	5163171	24735540	967	33053	0.64%
6	精品男包-单肩/斜挎包	搭扣	40726	347800	336	1215	2.98%
7	精品男包-单肩/斜挎包	敞口	1	1	63	121	12100.00%
8	精品男包-单肩/斜挎包	抽带搭扣	1	1	77	194	19400.00%
9	精品男包-单肩/斜挎包	挂钩	1	1	31	72	7200.00%
10	精品男包-单肩/斜挎包	抽带	1	1	60	115	11500.00%
11	精品男包-单肩/斜挎包	魔术贴	1	521	84	206	20600.00%

外部材质（单肩/斜挎包）

序号	行业名称	属性名称	交易指数	人气指数	店铺数量	商品数量	竞争度（越小越好）
1	精品男包-单肩/斜挎包	牛皮	27296239	98256384	1059	20285	0.07%
2	精品男包-单肩/斜挎包	其它	8379413	26357194	846	26001	0.31%
3	精品男包-单肩/斜挎包	牛津布	7135831	43978938	658	10334	0.14%
4	精品男包-单肩/斜挎包	PU	5319111	39688417	514	6799	0.13%
5	精品男包-单肩/斜挎包	帆布	4629375	35599575	515	7156	0.15%
6	精品男包-单肩/斜挎包	PVC	30303	93125	245	550	1.82%
7	精品男包-单肩/斜挎包	配皮	141	18	104	300	212.77%
8	精品男包-单肩/斜挎包	锦纶	73	3177	217	927	1269.86%
9	精品男包-单肩/斜挎包	稀有皮	1	1	16	28	2800.00%
10	精品男包-单肩/斜挎包	羊皮	1	1	72	251	25100.00%
11	精品男包-单肩/斜挎包	鳄鱼皮	1	1	71	187	18700.00%

款式属性（单肩/斜挎包）

序号	行业名称	属性名称	交易指数	人气指数	店铺数量	商品数量	竞争度（越小越好）
1	精品男包-单肩/斜挎包	竖款方形	54634856	219753063	1650	20453	0.04%
2	精品男包-单肩/斜挎包	横款方形	17959174	94930620	1276	26389	0.15%
3	精品男包-单肩/斜挎包	其它	175355	507522	539	30698	17.51%
4	精品男包-单肩/斜挎包	信封形	2293	80	152	444	19.36%
5	精品男包-单肩/斜挎包	圆桶形	1	36	184	529	52900.00%

适用人群（单肩/斜挎包）

序号	行业名称	属性名称	交易指数	人气指数	店铺数量	商品数量	竞争度（越小越好）
1	精品男包-单肩/斜挎包	青年	73015724	291448600	2032	82905	0.11%
2	精品男包-单肩/斜挎包	中年	110016	582163	571	4594	4.18%
3	精品男包-单肩/斜挎包	少年	392	110149	207	1614	411.73%

风格属性（单肩/斜挎包）

序号	行业名称	属性名称	交易指数	人气指数	店铺数量	商品数量	竞争度（越小越好）
1	精品男包-单肩/斜挎包	休闲	60593138	244336500	1908	62506	0.103%
2	精品男包-单肩/斜挎包	商务	14444780	56388718	1244	14099	0.098%
3	精品男包-单肩/斜挎包	运动	2872	327389	363	2180	75.905%
4	精品男包-单肩/斜挎包	日韩	218	4690	391	5582	2560.550%
5	精品男包-单肩/斜挎包	复古	142	1321	329	4000	2816.901%
6	精品男包-单肩/斜挎包	学院	1	1	156	421	42100.000%
7	精品男包-单肩/斜挎包	民族	1	1	65	356	35600.000%
8	精品男包-单肩/斜挎包	欧美	0	0	1	3	#DIV/0!
9	精品男包-单肩/斜挎包	日韩风范	0	0	1	3	#DIV/0!
10	精品男包-单肩/斜挎包	超酷风范	0	0	1	3	#DIV/0!
11	精品男包-单肩/斜挎包	甜美淑女	0	0	1	1	#DIV/0!

价格属性（单肩/斜挎包）

序号	行业名称	价格	交易指数	人气指数	店铺数量	商品数量	竞争度（越小越好）
1	精品男包-单肩/斜挎包	200-399	26856400	102541127	1153	18150	0.07%
2	精品男包-单肩/斜挎包	100-199	22048569	113085014	1040	11640	0.05%
3	精品男包-单肩/斜挎包	1-99	8860395	73581791	645	17290	0.20%
4	精品男包-单肩/斜挎包	400-599	2279167	8479899	718	10797	0.47%
5	精品男包-单肩/斜挎包	600-999	1364678	2811240	615	9058	0.66%
6	精品男包-单肩/斜挎包	1000以上	1076165	976712	547	23640	2.20%

图1-39　商品类目属性分析表格（续）

通过表格对这些属性维度进行分析，然后筛选排名靠前的两种属性，我们可以得出一个结论——产品的主推属性和次推属性都是爆款产品的属性，如图1-40所示。

产品属性定位结论（单肩/斜挎包）		
属性维度	**主推属性**	**次推属性**
款式	竖款方形	横款方形
开袋方式	拉链暗袋	拉链
风格	商务	休闲
价格	100-199	200-399
适用人群	青年	中年
颜色	黑色	蓝色
外部材质	牛皮	PU
分类	单肩包	斜挎包
内部结构	夹层拉链袋	拉链暗袋

图 1-40 产品属性定位结论

　　总之，定位好产品属性，是正确选款的关键所在。下面我将产品定位的结构规划做成了一个表格，如表 1-1 所示。将引流产品、主销产品、活动产品、形象产品等不同类型产品的特征、目的进行归纳，并列出了相关的产品建议，给大家做参考。

表 1-1　产品定位的结构规划

产品类型	产品特征	目　的	建议产品	备　注
引流产品	1. 客单价较低； 2. 有一定市场规模，保持快速增长	1. 吸引流量、拉动销量； 2. 利用明星产品做宣传	1. 线下热销产品； 2. 具有价格竞争力的、市场吸引力相对较高的产品	进行产品区隔
主销产品	1. 毛利可控，活动水平不低于30%； 2. 有价格影响力（定价权）； 3. 有一定市场规模，保持快速增长	1. 带来主力销售额； 2. 带来主力毛利	1. 客单价中上水平且毛利较高； 2. 产品组合	—
活动产品	1. 毛利可控，日常按照常规价出售； 2. 符合大众需求，市场需求大	1. 报名活动的主要款； 2. 带来一定毛利，不亏钱	1. 客单价中上水平且毛利较高； 2. 产品组合	
形象产品	1. 无价格竞争力； 2. 镇店之宝	1. 丰富品类、提升SKU(SKU 解释详见 1.3.2 节)； 2. 宣传新品	1. 高大上的形象产品； 2. 新品	可不进行产品区隔，但尽量不要低于线下最低零售价

1.3.2　提升排名攻略

在京东开店，哪个商家不想让自己的店铺和商品排名排在搜索页前面呢？有了排名，流量和交易量自然不成问题。那么如何提高排名呢？本节将介绍提升店铺和商品排名的新技术，不降权、不违规，完全通过正规方法来吸引免费流量。

1.　内功提升要领

首先从内功提升来入手，可以从店铺的人气模型、SKU（Stock Keeping Unit，最小存货单位）布局以及页面布局等 3 个方面进行操作。

（1）人气模型：在个化搜索下，人气模型可以从浏览习惯和消费层次捕捉数据，从而评估消费者对产品的认可度，如图 1-41 所示。

图 1-41　人气模型的内容

（2）SKU 布局：每个颜色的 SKU 都可以添加 6 张主图，但商品的 SKU 编码是不一样的，如图 1-42 所示。

（3）页面布局：页面布局把握从顾客进入店铺到最终购买商品的各个环节，将页面细节做到极致，如图 1-43 所示。

2.　排名提升方法

影响京东店铺排名权重主要有两大维度：人气指数、热销指数。

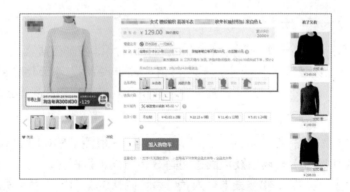

SKU变化情形表			
序号	情形	变化	SKU 变化
1	无颜色无尺码	增加颜色和尺码	id 会变
2	有颜色无尺码	只加颜色 不动尺码	id 不变
3	无颜色有尺码	只加尺码 不动颜色	id 会变
4	有颜色有尺码	只加尺码 其他不动	id 不变
5	有颜色有尺码	只加颜色 其他不动	id 不变
6	有颜色有尺码	同时增加颜色和尺码	id 不变
7	不改变颜色和尺码	只修改属性名称	id 不变

图 1-42 SKU 布局示例与 SKU 变化情形表

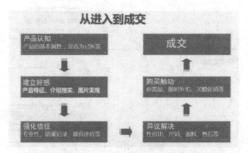

图 1-43 页面布局需要把握的环节

人气指数怎么查看：该宝贝对应类目大词的搜索关注指数，如图 1-44 所示。

图 1-44 查看人气指数

专家提醒

类目大词指的是类目关键词或者品类关键词，这些关键词通常是大搜索量、大点击量的关键词，例如"衣服"就是一个类目大词。

热销指数是商品销量的一种表现，其公式为：热销指数 = 周期内收货及评价指数，如图 1-45 所示。

图 1-45 查看商品评价指数

这里以 1 号产生的订单为例。

（1）7 天内确认收货评价，权重分值为 100%，收货比例为 40%。

（2）8 ~ 15 天内确认收货，权重分值降至 50%，收货比例为 30%。

（3）16 ~ 21 天内确认收货，权重增加 20%，收货比例为 30%。

对于 1 号产生的订单，如果在 7 天内确认收货并评价，权重分值是 100%，但收货比例只有 40%。随着时间的推移，权重分值会逐渐降低，收货比例也会逐渐减少，从而导致热销指数下降。

快速提升排名的三大要素如下。

（1）7 ~ 30 天的搜索反馈：其指的是商品在搜索结果中的反馈和评价，包括用户的点击、浏览、购买等行为，这有助于电商平台了解用户对商品的满意度和需求。

（2）3 ~ 15 天的人气模型：这是一个评估商品受欢迎程度的模型，基于商品的销量、评价、用户行为等因素，人气模型越高，说明商品越受欢迎。

（3）1～5天的销售额：其指的是商品在短时间内（例如1～5天）的销售情况，销售额越高，说明商品的销售表现越好。

通过优化商品的收货和评价时间、提高商品的人气和销售额，商家可以快速提升商品的排名和曝光率，从而增加销售量。

第 2 章

内容电商：实现高效的变现

学前
提示

内容电商是以优质内容为载体而开展的各种电子商务活力，致力于内容的打造、优化与推广，代表平台有微博、小红书等。

本章笔者将为大家讲解内容电商的相关内容，包括内容的打造、优化与推广技巧，以及微博、小红书等主要平台的运营技巧，帮助大家更好地了解内容电商。

要点
展示

➢ 全方面了解内容电商
➢ 内容的打造、优化与推广
➢ 微博的运营技巧
➢ 小红书的运营技巧

2.1 全方面了解内容电商

当传统电商走向落幕时，必然会出现新的电商模式的兴起。其中，内容电商便是其中的一枝新秀，正在慢慢地发光发热，显示出其巨大的能量。

进入"互联网＋"时代，各种新媒体平台将内容创业带入高潮，再加上移动社交平台的发展，为新媒体应用带来了全新的粉丝经济模式，一个个拥有大量粉丝的人物 IP 由此诞生，成了新时代的商业趋势。

企业、个人要做内容电商，就必须先掌握一些内容电商的基础知识，只有掌握了最基础的内容，企业或者个人在进行内容电商活动的时候才能事半功倍。本节笔者将为大家介绍内容电商相关的基础知识。

2.1.1 内容电商的发展现状

随着流量的价值逐步得到体现，以及人们的消费方式不断升级，内容电商的崛起已经成为必然。

内容电商就是通过图片、视频、音乐和文字等内容形式来卖东西，而内容成了用户可以消费的信息，具体定义如图 2-1 所示。

图 2-1　内容电商的基本定义

随着互联网技术和覆盖人群的飞速发展，内容电商已成为各大企业争夺的焦点，呈现出迅猛发展的态势。在微信端，很多知名公众号的电商销量十分惊人，以微信公众号"吴晓波频道"为例，其推出的"吴酒"就达到了 1000 万元的年销售额，"年糕妈妈"也创下了 4000 万元的单月销售额。

据悉，"吴晓波频道"微信公众号上线后即获得了日均 2000 人左右的粉丝增长速度，不到一年其订阅数就突破 60 万，并且完成了近百次的内容推送。此外，吴晓波还在春节期间举行了一次"年货众筹"活动，在近 200 家食品企业中选择 10 家企业，将他们的产品打包成一个大礼品箱，送到 50 名书友手中。

虽然背负着"财经作者"的 IP 身份，但吴晓波更是一名成功的商人。例如，其在微信里卖的"吴酒"是在经营自媒体过程中的一种电商变现尝试，曾创下了 33 小时售罄 5000 套"吴酒"礼盒套装的纪录，甚至在酒品行业内部，也将其作为是一个典型的成功案例。

当然，除了直接销售商品外，还有很多服务型的内容电商，如图 2-2 所示。其中，育儿类与文化类的微信公众号中内容电商创业者的数量最多，而且内容的转化效率也是最高的。

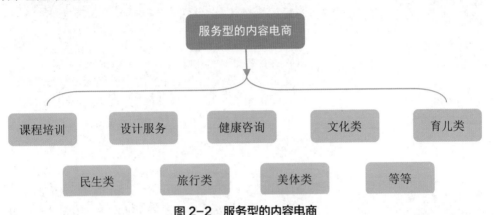

图 2-2　服务型的内容电商

2.1.2　内容电商变现的注意事项

对于每一个进行内容电商运营与推广的企业、商家或者个人来说，其最终目标都离不开获得实际收益这一点。而各大企业、商家或者个人要实现内容电商运营的变现目标，获得红利，就必须清楚商业变现的一些注意事项。企业、商家或者个人在进行内容电商变现的时候，需要注意的事项有以下几点。

1. 选择平台

企业、商家或者个人在进行内容电商运营的时候，要想实现最终的变现目的，选择内容投放的平台是非常重要的，如果你的内容投放到一个错误的平台，那么将很少有人去关注。

因此，选择正确的内容发布平台才能更好地让内容对接用户需求。在最有效和恰当的时机内，把握住有效的平台来推广内容，获得流量，才能更好地实现变现。

2. 选取内容

如今，大家都在讨论内容电商创业，内容电商不知不觉已经变成了一个"明星概念"，从简单文字到长微博，从短视频到直播，越来越多的创作者进入了内容创业这一火热的领域中。

那么，制作这么多内容究竟是为什么？答案其实是显而易见的，那就是"卖钱"，也就是变现，即将我们的一技之长变成现金。当然，并不是什么内容都可以拿来变现，内容要想变现，还需要具备 3 种价值，如图 2-3 所示。因此，企业、商家或者个人在挑选内容进行变现的时候，就需要选择具有以下这 3 种价值的内容。

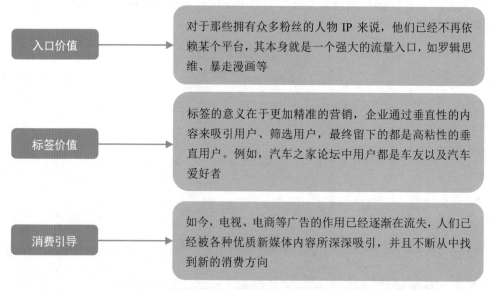

入口价值 → 对于那些拥有众多粉丝的人物 IP 来说，他们已经不再依赖某个平台，其本身就是一个强大的流量入口，如罗辑思维、暴走漫画等

标签价值 → 标签的意义在于更加精准的营销，企业通过垂直性的内容来吸引用户、筛选用户，最终留下的都是高粘性的垂直用户。例如，汽车之家论坛中用户都是车友以及汽车爱好者

消费引导 → 如今，电视、电商等广告的作用已经逐渐在流失，人们已经被各种优质新媒体内容所深深吸引，并且不断从中找到新的消费方向

图 2-3　内容变现的 3 种价值

目前来看，内容变现的主要形式包括内容付费、广告变现、媒体电商、IP 衍生、社群经济、买断版权等。

如今，很多优质内容已经可以直接产生付费，而且这个趋势还在不断扩大。这种变现模式已经超越了淘宝等平台的内容电商模式，他们还需要借用内容来引领，然后通过出售商品来赚钱，有时候商品卖的钱可能还填补不了创作内容所花费的成本。因此，内容电商的终极模式应该是内容可以直接卖钱，就像"罗辑思维"那样。当然，要实现这个目标是比较难的，不但需要内容三大价值，还需要有 IP 属性。

3. 变现时机

要想通过内容获得粉丝来变现，首先这些内容要能够引起共鸣，这需要一个时机来体现。只有在正确的时间里用内容与用户共鸣，才能获得更精准的粉丝与流量，这样内容在变现时也才能更有价值。

例如，年末国内大部分地区气温都很低，对此，驴妈妈旅游网为了吸引流量，于是便制作了"年末温泉·倾情大促"的话题内容，如图 2-4 所示，瞬间引发了那些有需求的人们产生共鸣。

同时，驴妈妈旅游网还借此时机推出"国内分会场"和"出境泡温泉"两个不同的旅游线路，让用户畅享旅游乐趣，如图 2-5 所示，吸引了众多用户抢购。

图 2-4　"驴妈妈"推出的"年末温泉·倾情大促"的话题内容

图 2-5　驴妈妈推出的不同温泉旅游路线

专家提醒

　　内容电商要想获得用户的青睐，除了制造一些让人动心的内容外，还应该积极揣摩消费者的心理，在正确的时机制作一些与消费者有共鸣的话题。只要抓住内容的各种风口，把握当前人们的需求，那么用户就会心甘情愿地买单。

2.2 内容的打造、优化与推广

内容电商多以文字、图片、视频等形式来表现主题，如果想让自己的内容营销在众多的营销策略中脱颖而出，就必须打造符合用户需求的内容，做好内容的优化与推广，用高价值的内容来吸引用户、提高阅读量，带来更多流量和商机。

2.2.1 精心打造内容产品

内容电商运营者要想在内容电商营销中脱颖而出，需要精心打造自己平台的内容。要做好内容，就必须了解内容展现的方式以及打造内容的方法。本节将为大家介绍内容展现的 4 种方式和不同领域内容打造的方法。

1. 4 种展现形式

如今内容创业爆棚，很多人通过将自己制作的内容出售给投资方，从而获得营销收益。好的内容可以极大地带动电商企业与粉丝之间的良性互动，提升粉丝的满意度，加强粉丝对电商企业的忠诚度。因此，对于互联网内容创业者或相关企业来说，需要记住的是，优质内容是打造爆款的关键所在，下面将介绍互联网内容产品打造的主要形式。

1）更有深度的文字内容

对于内容电商来说，内容就是绝对的主角。因为平台内容的好坏、有价值与否，关系着平台粉丝的数量，从而影响到平台盈利的多少，所以做好平台内容的把关是每一个运营者都要重视的。

在所有的互联网内容中，文字内容是最为基础、直接的内容形式，它可以有效表达创作者的主题思想。文字内容具有以下优点和缺点，如图 2-6 所示。

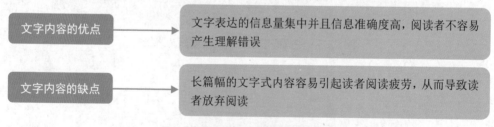

图 2-6 文字内容形式的优劣分析

如今，单纯的文字内容已经比较少见，因为这种形式的内容，如果它的字数很多、篇幅很长，那么就非常容易引起读者的阅读疲劳和抵触心理。所以，电商平台经营者在推送内容的时候，可以采用图文结合的方式来传递内容。

2）展现力强的图片内容

图片式内容都是以图片表达的，没有文字或者文字已经包含在图片里面了，如图 2-7 所示。

图 2-7 图片式内容的案例

图片内容形式的优劣分析如图 2-8 所示。

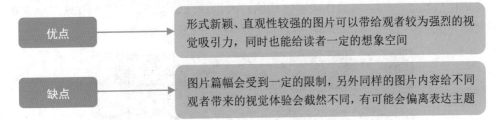

图 2-8 图片式内容的优劣分析

3）体验更好的图文式内容

图文式的内容，其实就是指图片跟文字相结合，一篇文章中有图片也有文字形式的内容。这种内容的呈现形式可以是一篇文章只放一张图也可以放多张图。图 2-9 所示为"手机摄影构图大全"公众号推送的一篇多张图的图文式的文章。

图文式内容的优劣分析如下。

- 优点：图文式能让文章要表达的内容主旨更鲜明，同时读者的阅读体验感也会上升。
- 缺点：图片过多会使得文章的篇幅过长，读者在阅读时也会耗费更多的流量。

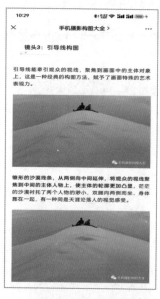

图 2-9　多张图的图文式案例

4）精彩动人的视频内容

视频内容形式，是指运营者可以把自己要向读者表达的信息拍摄成视频短片，或者采用直播的形式，将具体内容展现给广大用户群体观看。图 2-10 所示为在汽车之家 App 中，通过精彩的视频更真实地展现汽车产品的特点。

图 2-10　视频内容形式的案例

视频内容形式的优劣分析如下。

- 优点：视频中的内容更具即视感和吸引力，能快速地抓住读者的眼球。
- 缺点：读者需花费的流量会增加，提高了读者的阅读成本，文章点击量会受到一定的限制。

2. 打造方法

在清楚了内容电商的 4 种内容展现方式之后，接下来笔者将为大家介绍一些不同领域内容的打造方法，帮助大家全方面掌握多个领域的内容打造方法。

（1）时尚领域内容：时尚资讯和攻略是人们尤其是女性比较喜欢关注的内容，电商企业可以借用这些有价值的内容吸引女性用户，将内容转化为销售额。

（2）文学领域内容：网络文学在我国的发展已经相当成熟，很多根据网络小说改编的电影、电视剧、网络剧、游戏等陆续出现在荧幕上，实现了多元化的盈利模式。

（3）美食领域内容：通过令人垂涎欲滴的图文、视频等内容形式进行独特的混搭，营造直接的感官体验，调动观众的触觉、嗅觉和味觉，成为美食达人引领内容创业的风向标。

（4）教育领域内容：在线教育是由移动互联网催生的内容电商新玩法，其打破了学习的时间、空间、师资、教材的限制，也扩展了人们获取知识的方式和途径。

（5）搞笑领域内容：幽默搞笑的内容形式特别受大家欢迎，这也正是如今快节奏时代下人们放松心情的最佳方式，可以给人带来一种轻松、愉悦的感受。

（6）才艺领域内容：才艺对于网络主播等内容创业者来说，显得尤为重要，有才艺、高颜值是入行网络主播的主要条件，其中最具代表性的就是音乐和舞蹈等才艺类型。

（7）游戏领域内容：在所有的互联网产品中，游戏的用户黏性是最强的，游戏直播也很好地继承了这个属性，同时受到了资本界的关注。

2.2.2　优化内容的技巧

内容电商的运营者，要想让自己的营销活动成功，都需要提供有价值的内容，这是吸引用户的关键。要创作出有价值的内容，运营者就要掌握优化内容的知识。本节将为大家介绍优化内容需掌握的一些技巧，帮助大家提高自家产品的关注度。

1. 注重内涵

内容电商要想取得成功，就必须有内涵，也就是用吸引人的内容来体现品牌的价值和理念。对于一篇优秀的内容来说，不应该局限在外部和现象上，更应该注重其内在的深度和内涵，如图 2-11 所示。

在体现内容的内涵方面，企业必须将自身的品牌内涵特征和内容巧妙地融合在一起，让用户为之心动，并对品牌产生兴趣。

例如，某知名的洗发水品牌在妇女节期间别出心裁，摒弃了同类品牌常用的一些口号，如"无添加""柔顺""有弹性"等，同时也不再用降价、特卖等促销方式，而是在其微信公众平台中推送了一篇《女生节，你就该对自己好点》的文章内容。

这篇文章将产品故事化，并通过故事来体现产品深刻的价值，以激发用户对美好事物的向往，产生心灵上的共鸣，从而激发购买产品的愿望。

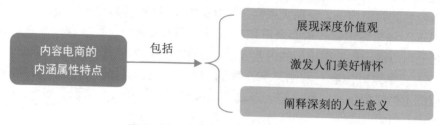

图 2-11　内容电商的内涵属性特点

2. 情感包装

在内容营销中，情感的抒发和表达已经成为新时代的重要媒介，一篇有情感价值的文章往往能够引起很多读者的共鸣，从而提高消费者对品牌的归属感、认同感和依赖感。情感消费，既是一种心理上的认同，也是一种情感上的需求，因此也可以称之为感性消费，相关介绍如图 2-12 所示。

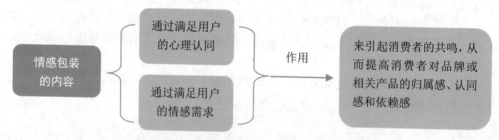

图 2-12　情感包装对于内容电商模式的作用

情感消费和消费者的情绪挂钩，优质的互联网内容主要是通过文字、图片和视频等组合打造出一篇动人的故事，然后通过故事调动读者的情绪，可以说，情感消费是一种基于个人主观想法的消费方式，这部分的消费人群，最关注的是内容、情感这两个方面的需求。因此，用情感包装内容时，需要富有感染力，尽量起到以下3 个方面的作用。

- 与用户有相同的思想感情。
- 能启发用户智慧和引发用户思考。
- 具备能够产生激励用户感情的作用。

那么情感该从哪些方面挖掘呢？笔者给出 4 个方面的建议，具体包括亲情、友情、爱情和其他情感需求。人的情感非常复杂，不论是满足人们的哪种情感或情绪需求，只要能打动人心，走进消费者的内心，就能够帮助电商企业实现内容营销的目的。

3. 抓住痛点

在各种电商平台上，充斥着很多"不痛不痒""可有可无"的产品，这些产品自然难以吸引用户下单。因此，电商企业可以借用内容营销来把握用户痛点的基本逻辑——解决好痛点，让用户下单。

到底什么是痛点？如何找到用户痛点并彻底解决这些痛点？

（1）痛点的定义：用户最迫切的需求。

（2）解决方法：通过市场调查升级已有产品的功能，然后再深入研究产品，预测并制作符合用户痛点的新产品。

击中要害是把握痛点的关键所在，因此企业要从用户的角度出发来设计产品，并多花时间去研究找准痛点。

例如，对于电商类或者以销售产品为主的企业来说，关注市场行情是很有必要的，这类企业要了解商品行情，知道什么最好卖，这时候就可以通过一些电商平台的排行榜来查看，并以此改变企业内容营销的策略，从用户的痛点角度来进行内容的组织和策划，这样才能打造真正吸引用户关注和受用户喜欢的内容。

2.2.3　内容电商的推广技巧

内容电商的运营者在完成优质内容的创作之后，并不等于一定会有用户为内容进行付费，运营者还需要对自己的内容进行推广，用内容去换取利润。下面笔者将介绍内容电商的推广技巧，帮助大家更好地推广自己创作的内容和产品。

1. 内容造势

虽然一个企业或个人在平台上的力量有限，但这并不会妨碍其内容的传播影响力。要想让目标群体全方位地通过内容了解产品，比较常用的方法就是为内容造势。

在新媒体平台上的内容与标题最好具有颠覆性，令人耳目一新，给受众传递富有吸引力的信息。图 2-13 所示为醒目式标题示例，采用了"多次拒接""反诈预警电话""半月被骗"等关键词，借助社会热点来为反诈中心宣传，兼具轰动性和醒目性，从而能够立刻成功吸引用户的眼球。

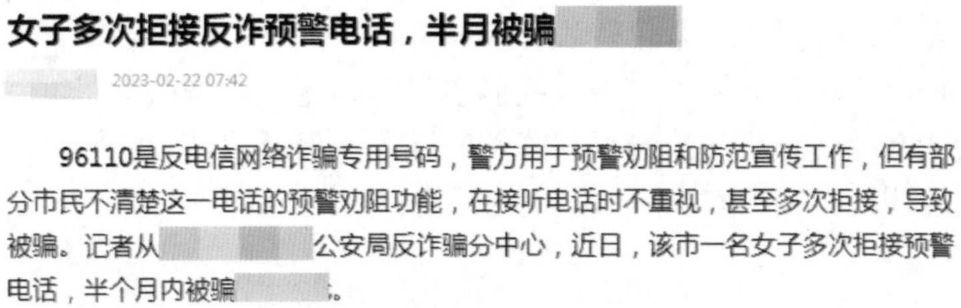

女子多次拒接反诈预警电话，半月被骗

2023-02-22 07:42

　　96110是反电信网络诈骗专用号码，警方用于预警劝阻和防范宣传工作，但有部分市民不清楚这一电话的预警劝阻功能，在接听电话时不重视，甚至多次拒接，导致被骗。记者从　　　　　公安局反诈骗分中心，近日，该市一名女子多次拒接预警电话，半个月内被骗　　　　。

图 2-13　醒目式标题示例

在这个自媒体泛滥的年代，想要从众多的内容中脱颖而出，就要制造一定的噱头，用语出惊人的方式吸引受众的眼球。但是，也不能夸大其词。

2. 展现卖点

如今，是一个自媒体内容盛行的时代，也是一个内容创作必须具有互联网思维的时代，更是一个碎片阅读，要爱就要大声说、要卖就要大声卖的时代。

做内容电商，如果没有在适时情景下向读者表达卖点，表明怎么卖、哪里卖的问题，大概率会失败。

内容电商不是简单的美文，也不是纯粹的小说，更不是论坛上的八卦新闻，它的目的是达成销售。所以，激发读者的购买冲动，才是内容创作的唯一出路。

例如，下面这篇名为《这款手表，能让你"触摸"时间》的文章，从标题中就可以看出这篇文章对手表产品卖点的阐述——能让你"触摸"时间，再看看内容，如图 2-14 所示，文章首先介绍了传统的石英手表的不足之处，然后以此来引出这款手表的一些卖点，包括钛金属材料、移动的磁性球代替指针、名字来由，它的主要用户是视障人士，这些人是无法看到时间的，因此挖掘出了"能让你'触摸'时间"的卖点。

图 2-14 《这款手表，能让你"触摸"时间》的文章内容

内容电商的关键点即产品的卖点，包括用户痛点、购买赠送、数量有限、书籍内容对家庭育儿的帮助等。上述文章将产品的卖点展现得淋漓尽致，为视障人士下单提供了诸多充足的理由，他们又怎能不心动呢？

同时，在这个内容电商案例中，我们也可以看到很多互联网思维的创意，如体现市场层面的众筹，它主要是通过互联网向网友募集项目资金的一种方式，可以为那些有好创意却缺少资金的人提供不小的帮助。

3. 情景诱导

内容只有真正打动用户的内心，才能吸引他们长久的关注，也只有那些能够留住并承载用户情感的内容才是成功的。在这个基础上加上电商元素，就有可能引发更大、更火热的抢购风潮。

内容电商并不只是用文字等形式堆砌起来就完事了，而是需要用平平淡淡的内容创作出一篇带有画面的故事，让读者能边看边想象出一个与生活息息相关的场景，这样才能更好地勾起读者继续阅读的兴趣。

简单点说，就是把产品的功能用内容体现出来，不仅是要告诉读者这是什么，而且是要告诉读者这个东西是用来干什么的。

情景式的内容能够激发消费者的购买欲，一般内容创作者在策划内容场景时，可以有以下两个技巧。

（1）特写式：在内容中，将特定场景中具有代表性和特征性的典型情景集中、细致地突显出来。

（2）鸟瞰式：在内容中，较全面地写出特定场景的景象和气氛，勾勒出一个完整的艺术画面。

2.3　微博的运营技巧

微博作为较早的内容电商的代表之一，早已成为广大商家用来进行营销的一个有利平台。微博具有超强的聚集人气的力量，是广大内容电商运营者进行运营的较好选择。本节笔者就来讲解微博的运营技巧。

2.3.1　内容的创作技巧

商家在微博上进行内容营销，最好的方法是写 140 字的微博内容，虽然商家可以发长微博，但人们不会花费太多的时间去仔细查看长篇大论的微博，因为人们对精简的微博内容会更感兴趣一些。发 140 字微博内容需要注意几点技巧，具体如下。

（1）利用较短字数吸引网民眼球：尽量在微博内容的前 40 个字内突出主旨，要在前面几十个字就吸引住网民的眼球，那样才会有效果。

（2）用疑问来结尾：在微博内容的最后，运营者可以用一个疑问来结尾，这样就相当于抛出一个话题来供阅读者讨论，引起共鸣。

（3）罗列信息：微博内容营销可以使用 1、2、3……或其他编号形式，将微博内容的信息罗列出来，更能够清晰地阐释软文内容。

2.3.2　寻找精准潜在客户

商家在微博上运营电商时，需要寻找与自己产品和服务相匹配的潜在客户群，这样才能体现出内容电商针对性强的特点。下面笔者将为大家介绍一些寻找精准客户群的技巧。

1. 话题

微博上常常会出现各种各样的话题，商家可以根据自己店铺的经营定位，通过这些话题，搜索到参与该话题的人群，这样就能找到自己的精准客户群了。

2. 微群

微群是一个供相同兴趣爱好的人一起交流互动的平台，商家可以在微群中建立与自己经营范围相关的话题，然后进入到微群里的用户就是你的目标客户了。

3. 标签

商家可以通过分析微博用户的标签，然后按照年龄、性别等方式对他们进行归类，如果你的目标客户正好和某一人群重合，则这类微博用户就会是你的潜在客户，此时即可利用内容来吸引这些人群。

2.3.3 做好目标客户的转化

商家找到目标客户或潜在客户后，就应该想尽一切办法，将他们变成自己的粉丝，下面将讲解目标客户转变为粉丝的方法。

（1）学会主动关注：商家不能一直都等着别人来关注自己，应该学会主动出击，主动关注目标客户的行为。例如，可以主动给进入过自己微博的用户发送私信，来引导用户关注自己。

（2）打造优质内容：不要只发布一些推广信息和软文，可以发布自己的想法、心情或身边的趣事、新鲜事等，还可以多发布与生活相关的事情、图片、短视频等。

（3）评论和转发：商家可以在微博用户的博文下写一些有价值、有深度的评论，这样能吸引微博用户的注意力。除了评论之外，还可以转发，这样会让用户觉得受宠若惊，同时与用户建立起一座互粉的桥梁，从而增加对企业的关注。

2.3.4 发布内容要选好时间

微博用户碎片化阅读特征非常明显，因此，商家在运用微博进行内容传播时，要注意微博内容发送的时间段，以获得更多的关注，一般在上班时间段（8:00—9:00）或者工作日下班后的时间段（18:00—23:00）内容营销价值比较大，这个时候的转发率是最高的，主要原因如图 2-15 所示。

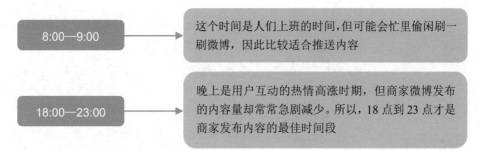

图2-15　微博内容要注重发布的时间段

2.3.5　借助热门话题来引流

商家在微博的首页中，可以找到热门微博、热门榜单、话题榜、热搜榜、文娱榜、要闻榜等方面的内容，如图2-16所示。

图2-16　微博热门话题

因此，商家可以借助时下的热门话题来吸引人们的关注，将电商产品内容和热门话题相结合，可以有效地提高用户的关注度。热门话题的用户阅读量通常都比较高，拥有强大的流量，这对内容电商运营者进行营销推广来说，是非常有利的一点。

2.3.6　不能只注重各项数据

很多商家看到某条微博的评论量或转发量非常大，就会觉得这条微博的营销效果不错。其实不然，光看评论量和转发量来评判微博营销的效果并不那么精准，因为有些转发也是无价值的。因此商家在进行微博营销的时候，需要从以下两方面对营销效果进行判定，如图2-17所示。

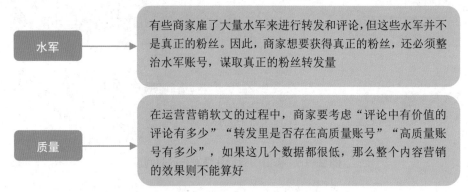

图 2-17 判定营销效果的因素

2.4 小红书的运营技巧

小红书是一个知识分享和购物社交平台，要想做好小红书号，成为平台的红人作者、运营达人，掌握运营技巧是必不可少的。本节笔者就来讲解 8 个小红书必备干货。

2.4.1 运营须知事项

小红书作为一个内容电商社区平台，自 2013 年发展至今已积累了大量的用户，现如今小红书平台的月活跃用户数量已超过 2 亿，且大部分用户都是"90 后""00后"的年轻群体。和其他平台相比，小红书的创作门槛和变现门槛比较低，这也是为什么越来越多的优质内容创作者入驻的原因之一。

2021 年 4 月，小红书《社区公约》上线，从分享和互动两个角度对小红书作者的社区行为规范作出了相关规定，如图 2-18 所示。

图 2-18 小红书《社区公约》

除此之外，对于小红书作者而言，在进行运营的过程中，还需要遵守小红书社区规范，如图 2-19 所示。

图 2-19　小红书社区规范

2.4.2　进行账号定位

要想运营好小红书号，运营者首先需要为自己选一个合适的领域，自己感兴趣或者所擅长的领域都可以。

其实，小红书还有一个特殊的领域，那就是小红书视频号。需要注意的是小红书视频号并非微信平台的那个视频号，小红书视频号是平台给优质视频作者的一个身份，加入小红书视频号的运营者将获得以下功能和权益，如图 2-20 所示。满足以下条件的运营者即可申请开通小红书视频号，如图 2-21 所示。

图 2-20　小红书视频号的功能和权益

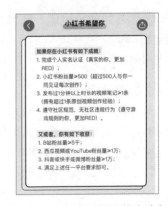

图 2-21　小红书视频号的申请条件

2.4.3　编辑个人资料

选择好领域之后，我们要做的就是编辑账号资料了，在"我→编辑资料"页面中，有 4 项信息的编写和设置至关重要，即头像、名字、小红书号和个人简介。因为这几项（除小红书号以外）信息必须和你所选的领域相关，和你的账号定位相匹配，这样才有利于打造你的人设，提高账号的权重和垂直度。关于这几项信息设置技巧的具体内容如下。

（1）头像：可以用真人照片作为头像，这样可以增加账号的真实性，也可以用动漫形象图片或与所选领域相关的图片。

（2）名字：名字尽量与所选领域相匹配，也可以用个人真实姓名。

（3）个人简介：内容要展现自己的优势和成就，以及能够为用户带来的价值，这样才能吸引他们的关注，最好加上联系方式，方便引流。

（4）小红书号：小红书号是运营者的账号 ID（Identity document），用户可凭借此 ID 搜索找到运营者，因此其设置原则要方便用户搜索和记忆。图 2-22 所示为"编辑小红书号"界面。

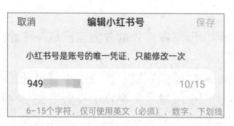

图 2-22　"编辑小红书号"界面

2.4.4　了解平台机制

关于小红书的平台机制，笔者将从两个方面进行阐述，分别是推荐机制和权重机制，具体内容如下。

1. 推荐机制

小红书的推荐机制和其他平台相比多了一个收录的流程步骤，如果运营者的笔记（内容）发布之后没有被系统收录，那么就无法获得推荐，我们可以通过是否能搜到笔记的方法来检测该笔记是否被收录。

笔记被系统收录后就可以获得推荐，推荐的原理和其他平台一样是逐级推荐的，系统会根据流量推荐的数据反馈来决定笔记的曝光量。

专家提醒

如果在系统推荐的过程中，笔记被人举报，那么推荐量就会下降，也就是人们通常所说的限流。

2. 权重机制

账号的权重也会影响平台对内容的推荐，小红书平台的权重机制主要有以下几个方面需要注意。

（1）新注册的账号权重是比较低的，因此需要通过养号来增加账号的权重。

（2）若运营者进行违规操作，系统会降低账号权重，使笔记的推荐和排名受影响。

（3）影响账号权重的因素有很多个，例如注册时长、账号等级、笔记和收藏数量等。

（4）有些账号具有先天加权的优势，例如平台邀请账号和合作机构账号。

2.4.5　提高账号权重

笔者前面讲过，新注册的账号权重比较低，所以运营者需要进行养号来提高账号的权重。养号是做任何平台运营所需要经历的一个阶段，那种刚注册就发内容的账号很容易被平台判定为营销号，从而遭到打压和限流。

那么，我们该如何来进行养号呢？运营者在正式进行运营之前可以模拟普通用户的使用习惯，浏览自己感兴趣的笔记，看到优质的内容进行点赞、收藏和评论等，或者搜索并关注自己喜欢的作者。

专家提醒

　　需要注意的是，运营者在通过这些操作行为进行养号时，千万不能过度，比如在一天内大量浏览和点赞，这样也会有敏感操作的嫌疑。

至于账号养多久合适，笔者建议至少进行半个月以上，时间越久，账号权重就越高，而且每天使用小红书 App 的时间尽量在半个小时以上。

2.4.6　找到选题方向

很多运营者新手在进行创作时不知道该做什么内容，找不到选题的方向，基于这种情况，笔者就来教大家一些策划选题的技巧。

1. 结合热点话题

热点话题包括当前热播的影视作品、全民讨论的社会话题等，热度越高的话题越能引起用户的兴趣。因此，运营者平时可以多去关注一些最近的热度榜单。例如百度热搜榜单，去了解相关的热点话题和热门内容。图 2-23 所示为百度热搜榜单。

在结合热点话题进行创作时，运营者还需要注意以下两点。

（1）不要盲目地去蹭热点，要选择与自己账号定位相符的热点内容，另外还要注意避开敏感话题。

（2）注意热点内容的时效性，运营者要及时抓住热点，尽快地创作出内容。

图2-23　百度热搜榜单

2. 选择节日活动

运营者可以根据节日活动来策划选题，因此我们要关注一些节假日的时间节点，例如传统节假日（春节、端午节、中秋节等）、开学季、电商购物节（"6·18""双11"等），并根据这些节日话题来创作内容。

另外，运营者还可以创作和特定时期相关的盘点类内容，比如在年尾的时候做关于年度新品发布的总结，或者在十一黄金周做关于旅游记录的视频。

3. 关注官方账号

在小红书平台上，有着各领域的官方账号，例如"走走薯""心情薯"等，运营者可以根据自己的领域选择相应的官方账号，从而获取最新的话题和资讯。图2-24所示为小红书官方账号"走走薯"和"心情薯"。

图2-24　小红书官方账号"走走薯"和"心情薯"

4. 关注同领域作者

此外，运营者还可以多关注和自己同领域创作者的内容动态，看他们有哪些优质的内容和创作亮点，以便进行学习和借鉴，从中获得更多的灵感，这也是大多数新手运营者经常采用的方式之一。

2.4.7　设置封面标题

不管是视频笔记还是图文笔记，要想吸引用户的眼球，从而获取更高的点击量，关键还得从封面和标题入手。下面笔者就从封面和标题两个方面来阐述如何增加用户对笔记的点击量。

1. 封面

制作视频或图文的封面主要有3种方式，具体如下。

（1）从视频中截取一帧精彩的画面作为封面，挑选的画面要能体现视频的整体风格，并在此基础上进行加工。

（2）套用封面模板，在模板的基础上调整封面图片，笔者建议使用小红书官方提供的封面模板。

（3）在时间充足、能力足够的情况下，运营者还可以自己制作封面，这样制作出来的封面质量往往更高。

在制作封面的过程中，运营者还需要注意以下几个要点，具体如下。

（1）确保封面图片的清晰度，分辨率越高越好。

（2）选择合适的封面尺寸（竖屏为3：4，横屏为4：3）。

（3）突出封面中的主体内容，放在封面的主要位置。

（4）适当地添加一些封面文字，对标题进行补充说明。

除此之外，运营者还要注意封面图片的色调处理，对此运营者可以给图片添加合适的滤镜或者进行手动调节。

2. 标题

除了封面以外，标题也是吸引用户点击的关键因素。那么，什么样的标题点击率高呢？接下来，笔者就来阐述几点标题创作的技巧，具体如下。

（1）在标题中多添加关键词，以突出重点。

（2）在标题中添加数字，提升内容的条理性。

（3）利用标题和用户互动，可使用问句形式。

（4）寻找和用户的共同点，引发用户的共鸣。

专家提醒

运营者在发布笔记时，标题不能超过20个字，字数不要太多，也不能过少；要确保语句通顺，没有错别字。

另外，笔者提醒大家千万别做标题党，常见的标题党情况主要有以下 4 种。

（1）使用过分夸张的描述，如"传疯了"。

（2）故意隐瞒关键信息设置悬念，博人眼球。

（3）使用带有威胁挑衅词句的标题。

（4）标题与内容完全不相符，用语低俗。

2.4.8 进行粉丝运营

在小红书平台的运营者，除了内容创作以外，另一个重点就是做好粉丝运营。下面笔者就从吸粉和互动两方面来讲解粉丝运营技巧。

1. 吸粉

在小红书 App 上有个"发现好友"功能，运营者可借此来吸引粉丝，那具体该怎么做呢？运营者可在左侧弹出的列表中点击"发现好友"按钮，如图 2-25 所示。

进入到"发现好友"页面，在这里会显示许多系统推荐的其他小红书作者，运营者可点击对应的"关注"按钮，如图 2-26 所示，逐一对他们进行关注。当他们发现有人关注时，就有可能对你进行回关，这就是所谓的互粉。当然，还可以关注通讯录好友，因为是熟人，这样对方回关你的概率就更大。

图 2-25 点击"发现好友"按钮

图 2-26 点击"关注"按钮

2. 互动

把流量吸引过来之后，我们该如何与粉丝进行互动呢？常用的粉丝互动技巧具体如下。

（1）通过视频内容引导用户参与互动。

（2）通过回复用户评论和私信进行互动。

（3）利用工具进行互动，如直播的投票功能。

第 3 章

社交电商：打造互通关系网

学前提示

　　社交电商是以社交为载体而开展的各种电子商务活动，其主要表现形式为具有社交功能的电商平台，主要代表有拼多多和淘宝。

　　本章将为大家讲解社交电商的相关内容，以及拼多多和淘宝等店铺的运营技巧，帮助大家更好地了解社交电商。

要点展示

➢ 全方面了解社交电商
➢ 拼多多店铺的运营技巧
➢ 淘宝店铺的运营技巧

3.1 全方面了解社交电商

社交电商是在传统电商的基础上衍生出来的一种新电商模式，它在传统电商的基础上增加了更多社交化元素和互动形式，流量来源更依赖于各种社交应用，用户可以在其中自主生产内容和分享商品，从而帮助商品实现曝光和交易。本节笔者将为大家介绍社交电商的相关内容。

3.1.1 多元化的社交元素

在社交电商中，最重要的就是多元化的社交元素，如关注、点赞、转发、评论、交流和互动等，这些元素可以促进电商和社交媒体的融合，让商品在潜移默化中占领用户的心智从而更容易打动用户。简单来说，就是商家可以在社交媒体上与消费者聊天的过程中，将商品卖给他们。

电商平台与社交媒体的力量有多强大，相信很多人已经领略到了，我们可以看看《2022 胡润全球富豪榜》国内排行部分数据，其中前十名有两个主营业务是社交媒体，还有两个主营业务是电子商务，如图 3-1 所示。

排名	排名变化	姓名	财富（亿元人民币）	涨幅	公司	居住地	主业	年龄
1	0		4,550	17%		浙江杭州	饮料、医疗保健	68
2	0	张一鸣	2,450	-28%	字节跳动	北京	社交媒体	39
3	0		2,300	-28%		福建宁德	锂电池	54
4	4		2,200	2%		香港	投资	94
5	-1	马化腾	2,150	-32%	腾讯	广东深圳	互联网服务	51
6	8		1,950	14%		浙江杭州	互联网技术	51
7	2		1,900	-11%		广东佛山	家电制造、房地产	80
8	7		1,850	9%		河南潮阳	畜牧	57, 56
9	-4	马云家族	1,800	-29%	阿里巴	浙江杭州	电子商务、金融科技	58
10	-4	黄峥	1,700	-26%	拼多多	上海	购物网站	42

图 3-1 《2022 胡润全球富豪榜》国内排行部分数据

由此可见，电商和社交都是国内极为火爆的应用，那么显而易见，这两者的结合必定也会大火。字节跳动和腾讯在不断布局电商业务，而阿里巴巴和拼多多也在社交领域多次尝试，这些都是他们对于社交电商这种商业模式的探索和肯定。

阿里巴巴和拼多多拥有大量的商品资源和物流渠道，急需引流变现；而字节跳动和腾讯则掌握了绝对的社交流量，这些流量也需要通过电商来变现。社交电商的出现，为彼此搭建了一座桥梁，能够很好地平衡二者之间的关系。

3.1.2　社交电商的核心特征

对于商家来说，社交电商主要是指运用各种社交工具、社会化媒体和新媒体平台，来实现商品的销售和推广等目的。另外，在这个过程中，商家还会聚集更多的粉丝群体，同时这些粉丝还会相互引荐，为商家带来更多的顾客。

总的来说，社交电商有三大核心特征，如图 3-2 所示。

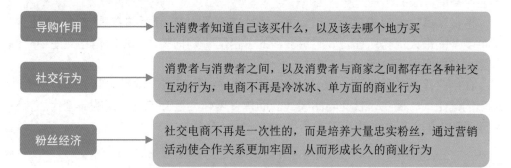

图 3-2　社交电商的核心特征

社交电商也就是"社交元素＋电子商务"，其中社交元素包括关注、分享、交流、评论以及互动等行为，将这些行为应用到电商中，可以实现流量的快速裂变。例如，拼多多就是一个专注于 C2B（Customer to Business，消费者到企业）拼团的第三方社交电商平台，用户通过发起和朋友、家人或者邻居等的拼团，可以以更低的价格购买优质商品。拼多多平台上包含了各种社交互动元素，能够刺激用户进行分享，如图 3-3 所示。

图 3-3　拼多多的社交电商玩法

拼多多的核心在"拼"，要"拼"成功你就需要找人，即使用微信、朋友圈以及 QQ 等社交工具进行分享，由此带动了大范围的交流与互动。同时大家在购买后还会进行消费评价及购物分享等，此时就能够使更多的人注意到这个商品。

3.2　拼多多店铺的运营技巧

在淘宝、京东占据了电商"半边天"的时代，很难有新秀能够崛起，而拼多多就是一个例外。根据拼多多官方发布的 2022 年第三季度财报显示，其第三季度的平台营收达到 355 亿元。同时，拼多多的商务化能力还在不断提升，而且用户规模仍旧保持指数级的增长速度。

拼多多疯狂崛起的背后，其实是一场社交流量和电商产品的完美结合。"社交"是拼多多的最大优势所在，同时拼多多的"拼团"购物模式也在微信社交圈中产生了强大的裂变引流效应。

在用户需求的驱使下，以及社群经济、"网红"经济、微商和自媒体经济大热环境的催生下，诞生了社交电商模式。而拼多多作为社交电商模式的典型代表，越来越多的人涌入其中，想在拼多多平台中分得一杯羹。

3.2.1　免费引流

对于拼多多店铺来说，流量的重要性显然是不言而喻的，很多商家都在利用各种各样的方法为店铺和产品引流，其目的就是提升产品销量，打造爆款。下面主要介绍一些拼多多常用的免费引流技巧，帮助商家为自己的店铺打造专属的私域社交流量池，如图 3-4 所示。

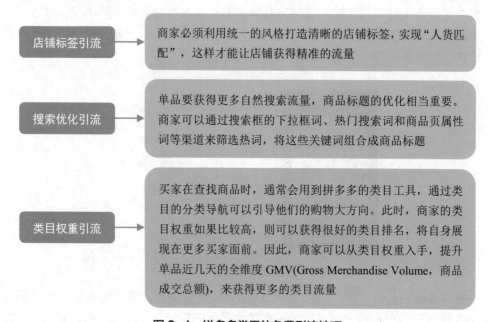

图 3-4　拼多多常用的免费引流技巧

3.2.2　活动引流

拼多多的活动分为很多种，不同的活动会针对不同的商家群体，如营销活动、类目活动、社交活动、竞价活动和店铺活动等，还有平日花样不断的促销活动，很多活动都需要商家自己主动提报。

根据拼多多活动的持续时间，可以将其分为长期活动和短期活动。

（1）长期活动是指可以让商品长期在活动资源位上进行推广，获得持续的流量曝光，如断码清仓的日常精选、每日好店的好店精选、爱逛街的特价精选、领券中心和电器城等。

（2）短期活动是指活动的资源位有一定的时间限制，商家可以通过价格让利来实现商品销量的快速累积，如断码清仓的大牌清仓日、每日好店的神券好店、爱逛街的超值量贩、电器城的超级爆品、秒杀以及品牌特卖等。

商家在选择活动时，最好能够进行长远规划，搭配各种短期和长期活动，来实现不同的营销目标，让店铺能够获得更长久的稳定利益。

例如，每日好店就是针对那些风格统一、品类统一、质好价优的店铺推出的活动频道，其可以帮助商家实现全店曝光，快速积累粉丝，抓住精准流量，提高转化率和店铺销售额。每日好店的资源位包括"好店精选""买越多省越多"以及"买家推荐"等，如图 3-5 所示。

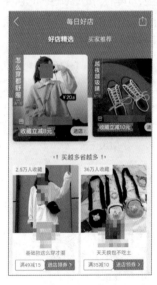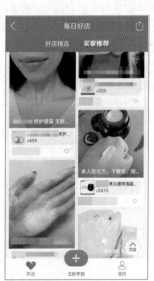

图 3-5　每日好店的部分资源位

新店铺在没有 DSR(Detail Seller Rating，卖家服务评级系统) 的情况下，也可以通过寄样或者提供站外的同店链接等方式来证明店铺的商品质量，从而获得每日好店的参与资格。

3.2.3　推手引流

多多进宝是一个零门槛、按成交量付费的推广工具，它可以让众多百万级流量推手帮助商家推广商品。开通多多进宝的主要好处如图3-6所示。

图3-6　开通多多进宝的主要好处

多多进宝的推手被称为"多多客"，是指帮助拼多多商家推广商品，并按成交效果获得个人佣金的推手，包括个人、团队或者公司等，按CPS（Cost Per Sales，通过实际的销售量进行收费）支付佣金。如图3-7所示进入"多多进宝"公众号中，点击"我要赚钱"按钮，即可进入"多多买手专享"小程序中。

图3-7　"多多买手专享"小程序

个人推手可以将其中的商品分享给微信好友列表中有购物需求的好友，或者是该商品潜在消费人群的好友，引导他们快速下单购物，同时推手获得相应的佣金。

专家提醒

　　如果是大型推手团队和公司运作的话，那么公众号就无法满足他们的需求了，他们是通过 API 接口的方式与多多进宝实现对接的。另一方面，很多商家找不到推手，推手也找不到好的品牌，此时就会诞生另外一种角色，那就是招商团长。招商团长可以作为商家和推手两者之间的一个桥梁，帮助商家寻找好的推手推广商品，同时帮助"多多客"寻找到好的商品去推广，而招商团长则会向商家收取一定的服务费。

多多进宝活动的定位为"按成交量付费，携手站外推广，短时间爆量"，参与活动的商品不仅可以提升权重，而且还能使用活动、首页和推文等推广资源。多多进宝活动不要求商品有基础销量，非常适合新品推广，引流效果非常好。

3.3　淘宝店铺的运营技巧

作为社交电商的代表之一，淘宝在社交电商领域已经做了比较多的尝试，不仅开发了很多新的产品，而且还在原有的电商产品上嫁接了很多社交电商新功能，如"天天特卖""淘宝直播""逛逛"等，它们都是在最大化地利用用户的社交关系来卖货。

3.3.1　天天特卖

"天天特卖"是淘宝天天特价的改版升级产品，通过整合聚划算和淘抢购渠道以及优化商家资源，来打造"低价生态"平台。"低价"的本质当然是为了引流，打开社交流量的入口，让商品能够进入到更多的私域流量池中。

用户可以直接在手机淘宝首页的搜索框中输入"天天特卖"，点击搜索按钮后即可显示"天天特卖"入口，点击"进入"按钮，如图 3-8 所示，即可自动跳转到"天天特卖"主页，如图 3-9 所示。

天天特卖推出了"特卖精选""4.9 封顶""9.9 封顶""14.9 封顶""天天优选""工厂直营店"以及"限时秒杀"等多种玩法，打造一个 C2M（Customer to Manufacturer，从消费者到生产商）智能中台，依靠显著的价格和商品优势吸引了一大批忠实消费者，将拼购特卖业务做大。

"天天特卖"还联合"淘宝直播"打造"性价比商品"，通过借助直播网红的个人流量，打造出特卖直播、拼团直播以及"99 元封顶"等一系列直播产品，来帮助商家快速清理库存。

图 3-8　点击"天天特卖"的"进入"按钮　　　　图 3-9　"天天特卖"主页

3.3.2　淘宝直播

　　"淘宝直播"是非常适合带货的一个工具，这是因为直播行业非常火热，并且具有高互动性、即时性等优势。用户可以直接在淘宝首页的搜索框中输入"淘宝直播"，点击搜索按钮后即可显示"淘宝直播"入口，点击"进入"按钮，如图 3-10所示，即可自动进入"淘宝直播"的主界面，如图 3-11 所示。

图 3-10　点击"淘宝直播"的"进入"按钮　　　　图 3-11　"淘宝直播"主界面

通过直播这种新颖的社交玩法，不仅可以提升用户的互动性，而且还能够促进商品的销售转化，从而实现商家有销量、达人有收益、消费者获得优质商品的多方收益的共赢局面。

3.3.3　逛逛

"逛逛"是淘宝近几年推出的新型社交电商产品，它通过"图文＋短视频"等形式对用户进行种草，引导其下单。"逛逛"不像淘宝的其他功能，需要在搜索栏中进行搜索。用户进入淘宝 App 后，点击"逛逛"按钮，如图 3-12 所示，即可进入"逛逛"主界面，如图 3-13 所示。

图 3-12　点击"逛逛"按钮

图 3-13　"逛逛"主界面

"逛逛"没有那么强的商品属性，它通过强互动性的发文，以弱推广性向用户进行推荐。这种方式更容易受到用户的青睐，也更容易让用户驻足。

在"逛逛"中，我们可以感受到小红书＋抖音短视频的双重冲击，这种社交方式，让用户来淘宝不再是一味地购物，而是有了一个新的休闲方式。观看这些内容的时候，用户感受到的是交流，就算是推荐商品，也不会觉得反感。

3.3.4　淘友圈

淘宝推出的"淘友圈"，是一个对标微信朋友圈的社交电商产品，主要用来调动淘宝好友及同兴趣用户的互动积极性。

用户进入淘宝 App 后，点击"我的淘宝"按钮，进入"我的淘宝"界面，往下滑即可看到淘友圈界面，如图 3-14 所示，它分为 3 个板块，分别为"淘友发现""仅看好友"和"我的动态"。

图 3-14　"淘友圈"界面

"淘友圈"在系统中是默认关闭的，需要自己手动去开启。开启成功后，我们就可以看到好友的动态，可以和淘宝好友互相合作，获得跟买返现金，也可以看到系统推荐的相同兴趣用户的动态。下面笔者为大家介绍开启"淘友圈"的详细步骤。

步骤 01　进入"我的淘宝"界面，点击"设置"按钮，如图 3-15 所示。

步骤 02　进入"设置"界面，选择"隐私"选项，如图 3-16 所示。

图 3-15　点击"设置"按钮　　　　图 3-16　选择"隐私"选项

步骤 ③ 进入"隐私"界面，选择"淘友圈"选项，如图 3-17 所示。

步骤 ④ 执行操作后，进入"隐私设置"界面，点击"开启好友动态"按钮，如图 3-18 所示。

图 3-17 选择"淘友圈"选项　　　图 3-18 点击"开启好友动态"按钮

3.3.5 淘宝群聊

淘宝群聊可以用于淘宝好友之间的购物分享，也可以用于商家与客户的沟通。用户进入商家开通的群聊后，可以在群里面领取商家发放的优惠券。下面笔者为大家介绍进入淘宝群聊的详细步骤。

步骤 ① 进入淘宝 App，点击"消息"按钮，如图 3-19 所示。

步骤 ② 进入"消息"界面，点击 ♀ 图标，如图 3-20 所示。

图 3-19 点击"消息"按钮　　　图 3-20 点击相应图标

步骤 ③ 进入"通讯录"界面，点击"我的群聊"按钮，如图 3-21 所示。

步骤 ④ 执行操作后，进入"群列表"界面，选择群聊，如图 3-22 所示。

步骤 ⑤ 执行操作后，即可进入群聊界面，如图 3-23 所示，在此可以查看商家发送的消息或优惠。

图 3-21　点击"我的群聊"按钮　　图 3-22　选择群聊　　图 3-23　群聊界面

第 4 章

短视频电商：带来更多转化率

学前
提示

　　短视频电商是以短视频为载体而开展的各种电子商务活动，具体表现形式是通过短视频进行带货，从而达到变现的目的，运营短视频的主要代表平台有抖音、视频号和 B 站等。

　　本章笔者将为大家讲解短视频电商的相关内容，以及抖音、视频号和 B 站等电商的短视频运营技巧，来帮助大家更好地了解短视频电商。

要点
展示

➢ 全面了解短视频电商
➢ 抖音电商的运营技巧
➢ 视频号电商的运营技巧
➢ B 站电商的运营技巧

4.1　全面了解短视频电商

在快消费的时代，短视频凭借着形式精简、时长短、内容丰富的特点让该行业成了目前最受欢迎的行业，越来越多的人开始利用自身碎片化的时间去刷短视频。拥有着如此大的流量池，让许多商家从中看到了商机，短视频电商也就应运而生。

短视频电商主要是通过短视频来带货，从而实现变现。本节笔者将为大家介绍如何通过短视频来带货，帮助大家更全面地了解短视频电商。

4.1.1　带货短视频的打造方法

对于运营者来说，带货短视频的打造非常关键，因为短视频的吸引力会从一定程度上影响带货的效果。本节介绍带货短视频的打造方法，让运营者可以快速打造出对用户具有吸引力的带货短视频。

1. 打造主角人设

运营者要想成功带货，需要通过短视频来打造主角人设，让大家记住你、相信你，相关技巧具体如下。

（1）突出人设定位：通过名称和简介来突出短视频账号的人设定位。

（2）关联账号头像：账号头像与人设定位相呼应，加深用户的印象。

（3）优化背景图片：提高背景图片的辨识度，有利于在同领域账号中脱颖而出。

（4）有规律更新内容：保持一定的短视频更新频率，选择合适的发布时间。

另外，运营者还需要在短视频的内容上下功夫，将内容与变现相结合，如果能够更好地吸引粉丝关注，那么带货自然不在话下。相关技巧具体如下。

（1）精准内容定位：围绕账号定位创作短视频内容，引起用户的共鸣。

（2）作品风格统一：不盲目跟风和追热点，内容风格始终保持统一。

（3）软性植入商品：在短视频剧情中无痕植入商品，降低用户的防备心理。

（4）突出商品优势：合理设计短视频的剧情发展，让商品的特点合理地展现出来。

（5）内容贴近优化：根据用户痛点来策划内容，让内容与用户产生联系。

2. 拍摄商品细节

在拍摄带货短视频时，展示商品的细节，可以让用户了解商品的相关信息，也可以更好地体现商品的品质。同时，展示商品的细节，也能体现出运营者对商品有足够的信心。

图4-1所示为某帆布鞋的带货短视频，该视频中便对帆布鞋的鞋头和鞋底细节进行了展示。

3. 植入商品场景

在短视频的场景或情节中引出商品，这是非常关键的一步，这种软植入方式能够让营销和内容完美融合，从而加深用户印象，相关技巧如图 4-2 所示。

图 4-1　某帆布鞋的带货短视频

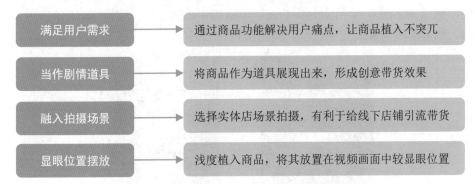

图 4-2　在视频场景植入商品的相关技巧

简单来说，带货短视频可以通过台词表述、剧情题材、特写镜头、场景道具、情节捆绑、角色名称、文化植入以及服装提供等方式植入商品，手段非常多，不胜枚举，运营者可以根据自己的需要选择合适的植入方式。

4. 拍摄生产过程

有的商品需要经过多道工序才能生产出来，对于这一类商品，运营者可以通过短视频拍摄其生产过程。这样不仅会让用户觉得商品生产流程正规且透明，商品物有所值，而且还能增加用户对商品的了解，让用户买到商品之后，可以放心地使用。图 4-3 所示为某红糖的带货短视频，该短视频中便详细地拍摄了红糖的生产过程。

图4-3　某红糖的带货短视频

5. 突出商品功能

在利用短视频展现商品功能时，运营者可以在功能用途上寻找突破口，展示商品的不同用法。图4-4所示为多功能小电锅的带货短视频，该短视频中便对小电锅的蒸、煮等多种功能进行了展示，突出了其用途的广泛。

图4-4　多功能小电锅的带货短视频

除了简单地展示商品本身的"神奇"功能之处，还可以"放大商品优势"，即在已有的商品功能上进行创意表现。另外，短视频中展示的商品一定要真实，必须要符合消费者的视觉习惯，最好是真人拍摄，这样更有真实感，可以提高用户对运营者的信任度。

6. 拍摄开箱测评

在抖音平台上，很多人仅用一个"神秘"包裹，就能轻松拍出一条爆款短视频。笔者总结了一些开箱测评短视频的拍摄技巧，具体如下。

（1）商品新鲜有趣：选择新奇、有趣的商品，能够给用户带来新鲜感。

（2）从拆包裹开始拍：展示拆快递包裹的画面，带动用户一起探索商品。

（3）亲自使用体验：运营者亲自测试，说出自己对于商品的使用体验。

（4）演技生动形象：善于搞怪，比如语言幽默风趣表情夸张搞笑。

（5）让粉丝推荐商品：强调商品由粉丝提供或推荐，拉近与用户的距离。

7. 增加效果反差

带货短视频可以用反差来增加内容的趣味性，给用户带来新鲜感。当然，这个反差通常是由你要展示的商品带来的。图 4-5 所示为某清洁剂的带货短视频，在这个视频中，运营者通过展示清洁前和清洁后的厨房对比，给用户带来惊喜感，从而增加用户对商品的信任和期待。

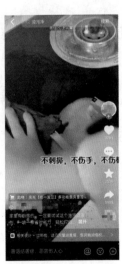

图 4-5　某清洁剂的带货短视频

另外，运营者也可以使用同类商品进行对比，来突出自己商品的优势。

4.1.2　短视频带货的技巧

在通过短视频进行带货时，如果运营者能够熟练掌握带货技巧，便可以有效地提升带货的能力，快速成长为带货大咖。下面笔者就来重点为大家讲解短视频带货的几个实用技巧。

1. 短视频的6个基础要素

在打造带货短视频时，运营者要注重一些基础要素，保证带货短视频不仅内容质量过关，还能对用户产生较大的吸引力。具体来说，抖音电商学习中心对带货短视频的6个基础要素进行了展示，如图4-6所示。运营者可以详细了解带货短视频的基础要素，并将其作为制作带货短视频的重要参照标准。

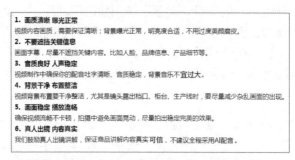

图4-6　带货短视频的基础要素

2. 制作素材的两个要点

在制作短视频素材时要注意两个要点，即短视频素材的必备要素和加分诀窍。下面笔者就来分别进行说明。

1）短视频素材的必备要素

在制作短视频素材时有一些必备要素，如图4-7所示。运营者可以在短视频中适当展示其中某个或某几个必备要素，这样用户在看到短视频内容之后，会更倾向购买运营者推荐的商品。

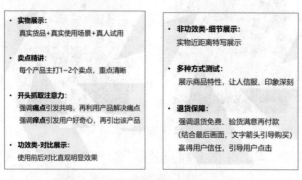

图4-7　制作短视频素材的必备要素

2）短视频素材的加分诀窍

除了在短视频素材中展示必备要素之外，运营者还可以通过一定的诀窍来为短视频加分。例如，运营者在制作短视频时，可以结合时事热点，从而吸引更多用户的关注。

除此之外，运营者还可以通过现场砍价的方式为短视频素材加分，提高短视频对目标用户的吸引力。具体来说，就是通过不断降价和追加赠品的方式给用户一种持续递进式的低价刺激，吸引用户的注意力。

3. 设计标题的四大技巧

在设计带货短视频时，运营者可以通过一些技巧来吸引更多用户的关注，从而提升带货的效果。下面，具体讲解带货短视频标题设计的四大技巧。

1）给用户提供益处或奖励

运营者在文案标题的写作当中，要注意从用户的心态去看问题，站在用户的角度去发现和研究规律。标题是短视频文案的"脸"，这张"脸"能不能吸引用户，能吸引多少用户，就要看运营者的功夫如何了。

一般来说，好的短视频标题要能抓住用户的心理。运营者撰写标题和用户阅读标题其实是一个相互的过程，运营者想要通过标题传达某些思想或要点给用户，而用户则希望能通过标题看到自己能从短视频当中获得的益处或奖励。

这也就要求运营者在撰写短视频标题的时候，要准确地抓住用户的这一心理，如果你的短视频标题都不能吸引住用户，那么让用户点击查看短视频内容、购买商品，又从何谈起呢？所以，在短视频的标题中就要展示出你能给用户带来什么样的益处或奖励，这样才能吸引住用户。

短视频标题里所说的益处或奖励又分为以下两种。

一种是物质上的益处或奖励。具体来说，在这一类案例当中，可以直接将物质奖励放入标题，其所表示的奖励或者益处都是实际存在的物质，用户可以很清楚地了解到查看这个短视频之后可以获得哪些益处和奖励。例如，某家电生产厂家有一批新型智能空调即将上市，上市之前要通过短视频做一番预热，预热期预定该空调可享受多少折扣的优惠，那么这个短视频的标题就可以从折扣方面入手，当用户看到短视频的标题时，就会被标题中的折扣所吸引。

另一种则是技术或精神上得到了益处。所谓技术或精神上的益处就是在标题当中展示出你看了这个短视频之后，可以学会一些技能或在精神上获得成长。

2）兼具独特创意和鲜明信息

这是一个讲究创造的时代，"中国制造"也早已变成了"中国创造"。这样的时代背景，也对运营者提出了更高的要求。在撰写文案标题时，运营者要抓住时代的趋势，学会在标题上下功夫，把自己的短视频做到用户"逢更必看"。

想做到这一点，就要让标题独树一帜，有自己鲜明的风格和特点，如果做到了这种程度，你的短视频就成功了一大半。

那么，怎样让短视频标题独树一帜、风格鲜明呢？这就要求运营者在撰写短视频标题时，要有独特的创意，要想别人所不能想的。另外，短视频标题的信息还要十分鲜明突出，要在一瞬间抓住用户的眼球，争取达到让用户耳目一新的效果。

像这种既具有创意，主题又鲜明突出的标题主要可以分为两大类：一类是隐藏式的；另一类是非隐藏式的。

图4-8所示的就是隐藏式广告创意标题。这一标题的创意体现在将"又要做妈妈了"置于标题中，让用户隔着屏幕也能感受到喜悦，所以这一创意就能很好地吸引用户的关注。看到标题之后，许多用户会觉得这只是表达喜悦之情的一条短视频，但点击查看短视频之后才发现它其实是一条修护霜的广告。

图4-9所示为某个非隐藏式短视频的相关画面。虽然这个短视频并没有像其他广告一样直接把商品亮出来，而是将"谁看谁心动"作为卖点吸引用户的关注，因此用户在看到该短视频的标题时便能看出这是在做广告。

图4-8　隐藏式广告创意标题

图4-9　非隐藏式广告创意标题

3）筛选出特定类型的用户

没有哪一个短视频标题是所有人都感兴趣的，这也就要求运营者在撰写标题时，要精准定位自己的用户群体。只有目标用户定位准确了，才能保证短视频的点击量。

比如，关于摄影的短视频，所针对的用户群就是摄影爱好者，那么就要在标题当中将目标用户群体现出来，让喜爱摄影的人能在第一时间就知道这个短视频是针对他们来做的。不同的短视频所针对的用户群都是不一样的，这也就要求运营者在撰写标题时要区分不同的人群。

短视频目标用户的定位和筛选，包括两个方面：一方面是内在条件的筛选，这方面包括了目标用户群的个人基本信息和爱好，比如性别、年龄、兴趣爱好、价值取向等内在因素；另一方面是外在条件，这一方面主要包括了目标用户群的消费能力、所处地域等。只有搞清楚了这些问题才能对用户进行正确的定位，这就是人们常说的"知己知彼，百战不殆"。

在短视频文案当中，仅仅用内容针对特定的用户不够，还要在短视频的标题上准确地把握用户，通过标题就能把针对的用户吸引过来，这也就要求运营者在撰写短视频标题的时候就要体现出对用户的筛选和定位。

例如，运营者的目标用户群是小个子女生，那么在短视频标题中可以直接将"小个子女生"点出来。这样一来，当小个子女生群体看到短视频标题时，就会明白这个短视频的内容主要是针对自己的。而对于这种针对自己的内容，他们自然也会更加感兴趣一些，因为视频中的内容或多或少会跟自己有所关联。

4）标题的元素尽可能具体化

这里所讲的元素则是指某一事物的构成部分，所以"标题元素"也就是标题的构成部分。而标题元素的具体化则是尽量将标题里的重要构成部分表达具体，并精确到名字或直观的数据上。

大多数人不喜欢看上去模棱两可的文字，他们往往更喜欢直观的文字。相对于文字，人们对数字更为敏感，因为数字和人们日常生活中的很多东西挂钩，所以人们也更关注数字的多少和走向。因此在标题中加入数字，也是将标题元素具体化的一种有效手段。

事实上，很多内容都可以通过具体的数字总结和表达，只要把想重点突出的内容转换成数字即可。同时还要注意的是，在打造数字型标题时，最好使用阿拉伯数字，统一数字格式，尽量把数字放在标题前面。

4. 高转化率的 5 类短视频

带货短视频最直接的目的就是通过种草来提高商品的销量，对此，运营者可以以目的为导向，来寻找高效种草转化带货视频的打造方法。

一般来说，常见的高效种草转化短视频主要可以分为 5 类，即横向测评商品类、制作过程展示类、商品深度讲解类、使用教程攻略类和多元场景展示类。这 5 类高效种草转化短视频的打造要点具体如下。

（1）横向测评商品类：运营者可以通过对多款商品进行横向测评，让用户在测评中了解商品的特点。

（2）制作过程展示类：运营者可以在视频中真实地展示商品生产地的环境和生产过程，提高用户对商品的信任度。

（3）商品深度讲解类：运营者可以在视频中对商品卖点、价位、功能等信息做多维度的专业讲解。

（4）使用教程攻略类：运营者可以在视频中介绍商品的购买攻略，还可以介绍商品的使用技巧，帮助用户掌握正确的使用方法。

（5）多元场景展示类：运营者可以在不同的场景中展示商品，还可以在视频中植入剧情故事，将商品作为道具进行展示。

5. 商品讲解的 3 个技巧

在打造带货短视频中，有时候需要对商品进行深度讲解，增加用户对商品的了解。那么，运营者要如何做好商品的深度讲解呢？抖音电商学习中心给出了这个问题的答案。图 4-10 所示为做好商品深度讲解的 3 个主要技巧。

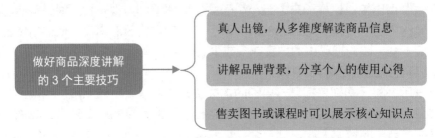

图 4-10　做好商品深度讲解的 3 个主要技巧

6. 制作教程类带货视频的 3 个技巧

教程类带货短视频的核心在于通过"教"来提高商品的销量，在制作这类短视频时，运营者可以利用 3 个技巧来增强商品对用户的吸引力，即使用真人演示、分享购买攻略和分享实用知识，具体如下。

（1）使用真人演示：对于那些有使用难度的商品，比如相机，运营者可以通过真人讲解加实操的方式帮助用户掌握使用方法。

（2）分享购买攻略：运营者可以围绕商品制作相应的购买攻略视频，例如教用户如何根据自己肤质选择合适的护肤品。

（3）分享实用知识：运营者可以通过分享某种知识或技能来售卖相关的商品，例如在教用户画眼妆的视频中推荐眼影产品。

7. 丰富场景的 3 个技巧

很多运营者可能会面临这样一个难点：能够用于拍摄带货短视频的场景比较少，拍来拍去就那些东西。此时，运营者可以通过 3 个技巧来丰富带货短视频的展示场景，打造出具有差异化的带货内容，具体如下。

（1）Vlog 日常类：运营者可以将商品视频拍摄成 Vlog，如职场 Vlog、探店 Vlog 和旅游 Vlog 等。

（2）主题小剧场类：运营者可以围绕商品特点制作有趣搞笑、贴近生活的主题小剧场类视频，让用户在开心的同时记住商品。

（3）高品质类：运营者可以借助专业团队制作出动漫动画、电影质感和舞台表演风等高品质的带货视频。

4.2　抖音电商的运营技巧

作为短视频电商的代表之一，抖音背后拥有巨大的流量池。但是，当我们手中拥有了优质的短视频，通过短视频吸引了大量流量，我们又该如何进行变现和盈利呢？有哪些方式是可以借鉴和使用的呢？本节笔者将会展示 3 种抖音短视频的运营技巧，帮助大家轻松"带货"盈利。

4.2.1 接入第三方电商平台

抖音正在逐步完善电商功能，对于"抖商"来说这是好事，意味着我们能够更好地通过抖音卖货来变现。

抖音开通商品橱窗功能，由原来 1000 粉丝的门槛，降低到 0 粉丝门槛，只要发表了 10 个视频，外加实名认证，就可以开通。运营者可以在"商品橱窗管理"界面中添加商品，直接进行商品销售，如图 4-11 所示。图 4-12 所示为橱窗商品的"商品详情"界面。

图 4-11 商品橱窗管理

图 4-12 橱窗商品的"商品详情"界面

用户在拍摄视频的时候，可以在发布界面中添加商品。发布视频后，视频播放界面中会显示购物车图标，如图 4-13 所示。点击即可弹出商品详情面板，如图 4-14 所示。商品橱窗除了会显示在信息流中，同时还会出现在个人主页中，方便用户查看该账号发布的所有商品。

在淘宝和抖音合作后，很多百万粉丝级别的抖音号都成了名副其实的"带货王"，捧红了不少产品，而且抖音的评论区也有很多"种草"的评语，让抖音成了"种草神器"。拥有自带的优质私域流量池、网络红人的聚集地及商家自我驱动的动力，都在不断推动着抖音走向"网红"电商这条路。

图 4-13　显示购物车图标

图 4-14　商品详情面板

4.2.2　打造自营电商平台

电商与短视频的结合有利于吸引庞大的流量，一方面短视频适合碎片化的信息接收方式，另一方面短视频展示商品更加直观，富有动感，更具说服力。

如果短视频的内容能够与商品很好地融合，无论是商品的卖家，还是自媒体人，都能获得较高的人气和支持。抖音不仅和淘宝合作加快内容电商，而且还上线抖音小店，帮助运营者打造自己的卖货平台。而自从抖音打通淘宝开始，眼尖的运营者便已迅速占领这片沃地，收割第一波流量红利了。

要开通抖音小店，首先需要开通抖音购物车和商品橱窗功能，并且需要持续发布优质原创视频，同时解锁视频电商、直播电商等功能，才能去申请，满足条件的抖音号会收到系统的邀请信息。

用户可以进入抖音创作者中心，在弹出的"我的服务"面板中点击"开通小店"按钮，如图 4-15 所示。进入"网页浏览"界面后，点击"如何入驻"按钮，即可进入"如何入驻"界面，如图 4-16 所示。在此可以查看抖音小店的入驻信息，包括所需材料费用、入驻流程、入驻指南和常见问题。

商家入驻抖音小店的基本流程如图 4-17 所示。目前抖音小店入驻仅支持个人入驻模式，用户需要根据自己的实际情况填写相关身份信息，然后选择主营类目，设置店铺名称、店铺 Logo，上传营业执照等店铺信息，最后等待系统审核即可。入驻审核通过后，即可开通抖音小店，图 4-18 所示为抖音小店商品详情界面。

图 4-15 点击"开通小店"按钮

图 4-16 "如何入驻"界面

图 4-17 抖音小店入驻流程

图 4-18 抖音小店商品详情界面

抖音小店是抖音针对短视频达人内容变现推出的一个内部电商功能，通过抖音小店就可完成购买，无须再跳转到外部链接去，直接在抖音内部实现电商闭环，让运营者们更快变现，同时也为用户带来更好的消费体验。

4.2.3 借助头条系二类电商平台

鲁班电商是今日头条旗下的二类电商平台，主要通过广告投放的方式来进行引流卖货，可以投放到抖音、今日头条、西瓜视频和火山小视频等平台上。鲁班店铺的入驻开店流程如下。

（1）入驻：开通巨量引擎广告投放平台账户，选择"鲁班广告账户"，注册账号并填写基本信息。

（2）缴纳保证金：选择主营类目并缴纳保证金。商家无违规等操作，保证金可退。

（3）开店完成：登录鲁班后台，创建商品，生成商品推广链接。

（4）商品投放：登录巨量引擎广告投放平台后台，使用商品推广链接创建广告计划，即可实现商品投放。

鲁班店铺是一个专为广告主开发的电商广告管理工具，同时也可以创建商品页面，具有店铺管理、订单管理和数据信息查询等功能。满足要求的"抖商"可以登录后台，填写完成注册信息后，缴纳保证金 20000 元，通过系统审核后即可完成开店。

鲁班店铺不依赖于第三方电商平台，可以通过信息流广告直接跳转到抖音的下单页面，快速完成购买。鲁班店铺的商品落地页面展示结构化突出，商品展示角度丰富，可以有效提升页面转化率，如图 4-19 所示。

图 4-19　鲁班店铺的商品落地页面

4.3　视频号电商的运营技巧

视频号是微信推出的一个内容记录与创作平台，因为微信的流量池庞大，使得视频号一经推出就受到很多运营者的关注。视频号作为短视频电商的新兴代表平台之一，如何利用视频号进行流量变现，是我们需要思考的问题。本节笔者就来为大家讲解视频号的一些运营技巧，帮助大家更好地进行流量变现。

4.3.1　评论留言

视频号的评论区是用户和运营者进行互动的地方，营销人员经常利用评论功能来进行引流。运营者可以通过回复评论留下自己的微信联系方式，这样那些对内容感兴趣或有意向的用户就会添加好友。

4.3.2　设置信息

运营者可以通过在账号主页的信息设置中添加微信号来引流，包括视频号昵称和个人简介的设置，下面笔者就来分别介绍。

1. 视频号昵称

运营者在给视频号起名的时候，将自己的微信号添加在后面，如图 4-20 所示。这样其他用户在看到你的视频号时就能马上知道你的联系方式，如果你发布的内容符合他的需求，那他就会添加你为好友。

2. 简介

一般来说，运营者会在简介中对自己以及所运营的视频号进行简单的介绍。那么，运营者填写信息的时候可以在简介中加入个人微信号，然后吸引用户添加好友，如图 4-21 所示。

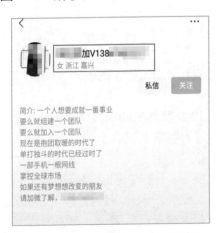

图 4-20　在账号昵称中添加微信号

图 4-21　在账号简介中添加联系方式

除了上面介绍的在昵称和简介中添加联系方式外，运营者还可以在视频号作品的封面图片以及视频号的头像图片中加入自己的联系方式。

4.3.3　视频引流

运营者如果想要通过所发布的视频号内容吸引用户，从而将其转化成为私域流量，可以在视频的描述、文案以及内容中展示微信号。

1. 描述

运营者可以将自己的微信号添加在视频描述中，用户在看完视频之后，如果觉得视频号有意思，传达了有价值或者对他有用的信息，那么就有可能会添加微信。

2. 文案

一部分运营者会选择将自己的微信号或者其他的联系方式，以文案的形式添加到视频中，这样也可以将流量转化为私域流量。笔者建议，采用这种方法时最好是将微信号添加在视频末尾，虽然这样会减少一部分流量，但是不会因为影响内容的观感而导致用户反感。

3. 内容

这种方法合适真人出镜的短视频，通过视频运营者口述微信号，来吸引用户加好友。这种方法的可信度比较高，说服力比较强，转化效果也比较好。

4.3.4 创作优质内容

视频号运营者想要利用视频内容来吸引粉丝，关键就是要创作出优质的视频。具体来说要怎么做呢？首先，运营者需要给自己的视频号做一个定位，而且定位要符合视频号目标用户的需求。

其次，根据视频号的定位，确定视频号的账号名称，符合视频号定位的账号名称更容易被用户搜索和关注。

最后，便是视频号的内容创作。这是非常关键的一环，视频号的定位和名称再好，没有优质的内容做支撑，也很难得到长远的发展。

图4-22所示为某视频号发布的短视频，该账号发布的视频内容都比较优质，从视频号的定位到视频拍摄再到视频后期的处理，都非常优秀，他的视频剧本文案也都很有创意，因此得到了不少人的关注和点赞。

所以，视频号运营者不管是自己拍摄原创视频，还是在别的短视频基础上进行二次创作，其内容都应该有自己的特色和创意。此外，运营者最好是能找到适合自己的视频风格。根据笔者以往的经验，不管视频内容是什么类型，那些脑洞大开或者富有创意的短视频，通常更容易获得用户的青睐。

优秀的后期处理对于短视频制作来说也是必不可少的，一个好的视频后期能给视频增加不少亮点。运营者可以多借鉴一下别人制作的短视频，尤其是那些比较热门的短视频，从中寻找灵感。

图 4-22 某视频号发布的短视频

4.3.5 添加话题标签

许多视频号运营者在发表视频时，都会添加与视频内容相关的话题标签，这样做的好处主要有两个：一是增加视频内容的垂直度，系统会通过话题标签将视频推荐给感兴趣的用户人群；二是添加热门的话题有利于提高视频的热度和曝光度，吸引更多的流量。

例如，用户在搜索某个关键词时，显示的视频号动态的话题标签中也会包含该关键词。也就是说，如果运营者视频中添加的话题标签包含用户搜索的关键词，那么该视频就很有可能被用户看到，从而达到吸粉的目的。

4.3.6 添加定位

在发布视频时，运营者可以标记自己的位置。当运营者给自己的视频添加了定位，那么系统就会将视频推荐给同一城市的人，从而吸引更多的同城流量。图 4-23 所示为添加了定位的视频。

那么，该如何给视频添加定位呢？运营者可以在视频发布页面标记自己的所在位置。图 4-24 所示为"所在位置"界面。

另外，笔者在前面也讲过，运营者可以通过添加定位来给自己的线下门店引流。因此，不管是线上引流还是线下引流，定位都能发挥极大的作用。

图 4-23　添加了定位的视频

图 4-24　"所在位置"界面

4.4　B 站电商的运营技巧

B 站是哔哩哔哩的简称，作为短视频电商的代表之一，这里聚集了大量的年轻人，截至 2022 年 9 月 30 日，B 站 2022 年第三季度的平均月活跃用户超 3.3 亿，日活跃用户达 9000 多万。由此可见，B 站背后的流量池也是极其庞大的。本节笔者将为大家讲解 B 站的相关运营技巧，助力大家利用 B 站这一流量池，更好地实现电商变现。

4.4.1　视频投稿

视频投稿是 B 站内容创作的常见形式，下面笔者就来介绍 UP 主（uploader，在视频网站、论坛、ftp 站点上传视频、音频文件的人）进行视频投稿的操作步骤。

步骤 01 打开"哔哩哔哩"App，在"我的"界面点击"有奖发布"按钮，如图 4-25 所示。

步骤 02 执行操作后，点击"上传视频"按钮，如图 4-26 所示。

图 4-25 点击"有奖发布"按钮

图 4-26 点击"上传视频"按钮

步骤 03 进入视频界面，点击需要上传的视频的封面右上角的 + 按钮，然后点击"智能成片"按钮，如图 4-27 所示。

步骤 04 执行操作后，系统会自动匹配素材，如图 4-28 所示。

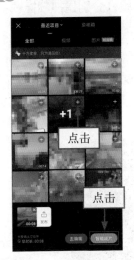

图 4-27 点击"智能成片"按钮

图 4-28 系统自动匹配素材

步骤 05 匹配完成后，进入视频编辑界面，在此可以对视频进行编辑、修改，完成后即可点击"下一步"按钮，如图4-29所示。

步骤 ⑥ 进入"发布视频"界面，等待视频上传完成，按照平台要求填写完相应的信息后，点击"发布"按钮，如图4-30所示，即可完成视频的发布。

图4-29　点击"下一步"按钮

图4-30　点击"发布"按钮

4.4.2　视频引流

在B站通过投稿视频来引流一共有4种操作手段，分别是视频标题引流、视频简介引流、视频内容引流和视频弹幕引流，具体内容如下。

1. 视频标题引流

我们在进行视频投稿时可以将个人微信号加入视频标题中，这样能让用户一眼就看到你的联系方式，从而吸引意向人群添加好友，如图4-31所示。

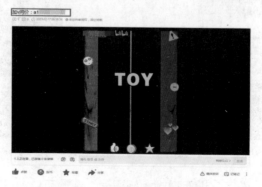

图4-31　通过视频标题来引流

2. 视频简介引流

在视频的内容简介中加入联系方式的引流效果没有视频标题那么明显，因为受众在刷 B 站视频时一般很少去看视频的内容简介，而且视频简介的内容会被系统默认折叠或隐藏。尽管如此，这也不失为一种可行的引流方法，如图 4-32 所示。

图 4-32　通过视频简介来引流

3. 视频内容引流

另外，有的 UP 主会在投稿的视频内容中加入联系方式来为自己引流。例如，B 站知名 UP 主"硬核的半佛仙人"，在每期投稿的视频结尾中都会加入自己的微信公众号，将 B 站上的流量引过去，如图 4-33 所示。

图 4-33　通过视频内容来引流

4. 视频弹幕引流

弹幕文化作为 B 站视频平台的特色，对增强用户黏性起了很大的作用，发弹幕是用户观看视频时进行互动交流最常用的方式。弹幕的优势在于没有时间限制，用户发送了弹幕之后，其他人不管在什么时候观看视频，都可以看到其发送的弹幕信息，除非他在观看视频时把弹幕给屏蔽了。图4-34所示为B站视频中用户发送的弹幕信息。

图4-34 用户发送的弹幕信息

基于这个优点，我们可以在B站视频中把个人联系方式作为弹幕发送出去，这样点击观看这个视频的受众就都能看到你的引流信息了。

新注册的B站用户无法发送弹幕信息，要想开通弹幕功能就必须进行答题转为正式会员，新用户点击视频观看时（手机端），点击🈴旁边的"点我发弹幕"按钮，就会弹出"请转正答题"的对话框，点击"继续答题"按钮，如图4-35所示；执行操作后就会跳转至答题界面，如图4-36所示。

图4-35 点击"继续答题"按钮

图4-36 答题界面

B 站答题转正制度的设置有 5 个方面的作用，具体内容如下。

(1) 让新用户事先了解 B 站的平台规则和社区文化。

(2) 可以对用户群体进行筛选，让用户学习弹幕礼仪。

(3) 维持用户人数增长和内容质量程度之间的平衡。

(4) 答题转正在一定程度上能提高 B 站的用户黏性。

(5) 可以对用户进行分类，优化 B 站的内容机制和算法。

4.4.3 评论引流

B 站用户除了发送弹幕进行互动之外，视频或者文章下方的评论区也是用户沟通交流的地方。用户在浏览完内容之后会发表一些自己的观点和看法，UP 主在和用户进行互动时，会将自己所要表达的重要信息以评论的形式进行置顶，这样所有参与互动的用户都可以看到，如图 4-37 所示。

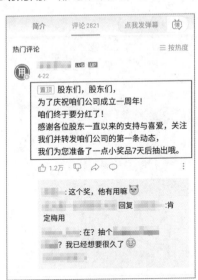 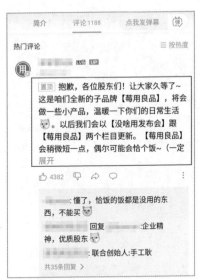

图 4-37　对重要信息的评论进行置顶

我们在 B 站进行推广引流时，一定要好好利用评论置顶这个功能，把含有个人微信号的评论进行置顶，这样对私域流量的引流能起到意想不到的效果。

第5章

直播电商：引爆带货流量池

学前提示

　　直播电商是以直播为载体而开展的各种电子商务活动，主要表现形式为直播带货，主要代表平台有抖音、快手等。

　　本章笔者将为大家讲解直播电商的相关内容，以及抖音、快手等电商直播带货的运营技巧，来帮助大家更好地了解直播电商。

要点展示

> ➤ 全方面了解直播电商
> ➤ 抖音直播带货的运营技巧
> ➤ 快手直播带货的运营技巧

5.1 全方面了解直播电商

直播电商的主要表现形式为通过直播进行带货，直播带货在最近两年格外火热，许多明星也加入了直播带货行业。开通直播的方法非常简单，但是如何利用直播带货打造爆款直播间，却是很多新手的烦恼。在本节中，笔者将为大家讲述直播带货的平台选择、产品把控和带货语言等内容，帮助大家更好地了解直播电商。

5.1.1 选择直播带货平台

如果读者想要从事直播带货，那么作为一个新手主播，不管是选择单打独斗还是团队合作，挑选直播平台都是非常重要的一点。这是因为主播在面对无数的观众以及长时间的直播后，很难再有充沛的精力去处理幕后的一系列问题。除了依靠背后的团队解决问题外，挑选合适的直播平台进行合作对于主播事业的发展也是非常有帮助的。另外，了解直播的最新风向，也可以发现、开拓更多的直播运营技巧。

现在市面上的直播平台层出不穷，如何在众多的直播平台中选择、判断出最适合自己的平台，是很关键的问题。下文将为大家提供几个对直播平台进行分析的方向，如图 5-1 所示。这里同时选取淘宝直播、抖音直播这两个直播平台作为分析的模板，从而帮助读者更好地去选择直播机构。

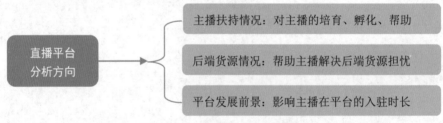

图 5-1　直播平台分析方向

5.1.2 保证优质带货货源

对于从事直播带货的主播来说，产品的展示和介绍环节是关键的。主播通过对产品的介绍，向观众和粉丝展示产品使用效果、产品的质地、产品的优势等情况，从而吸引顾客的注意力，使顾客产生购买的想法。图 5-2 所示为美食带货主播的直播间，从画面中可以看到主播展示了众多美食产品。除此之外，主播还需对消费者的疑问一一进行解答。

想成功带货的关键核心点，除了主播的影响因素之外，产品的因素也至关重要。产品是直播销售中的主角，其决定着直播间的生命年限。

由于直播销售发展得越来越快，机构和主播对于货源的需求也是与日俱增，从而促使一大批产品产业链的发展。

图 5-2 美食带货主播直播间

虽然提供货源给机构、主播的产品基地数量繁多，在一定程度上保证了货源的充足，但是主播和机构想要在直播带货行业长期发展下去，就需要对货源的质量严格把关。和在网上购物一样，顾客虽然完成了对产品的下单行为，但是当顾客收到产品后，一旦产品的质量、效果等因素不符合消费者心中预期，极有可能会影响消费者对店铺的印象以及二次购买需求。

专家提醒

在直播带货行业中，货源的充足性固然重要，但更重要的是货源的质量。一个优质、可靠的货源能够为主播和机构赢得消费者的信任，进而促进他们的发展。相反，如果货源质量不过关，即使产品基地数量众多，也难以长期吸引消费者。因此，主播和机构在选择货源时，应该在产品质量、价格等方面把关，确保提供给消费者的产品符合他们的需求。只有这样，才能在竞争激烈的直播带货行业中立于不败之地。同时，主播和机构还应该注重与消费者的互动和沟通，及时解决消费者的疑问，提高消费者的满意度和忠诚度。

过多的一次性购买行为，对于商家来说，不仅无法获得忠实的消费者，还可能由于消费者的差评，导致商家形象受损，影响更多消费者的判断，因此不利于产品的销售。图 5-3 所示为用户购买决策流程。

如果想让初次购物的消费者二次消费，使普通消费者转变成忠实消费者，那么最关键的就是商家所提供的商品可以让消费者满意、喜欢。

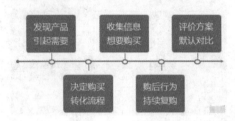

图 5-3　用户购买决策流程

现代人常常有一种习惯性的购买行为，简单来说，就是消费者在多次购买后会形成习惯性的反应行为，当他在选择某种产品时，总是会倾向于曾经购买过的产品。这表明，只要产品让顾客有依赖感、信任感，顾客再次下单的概率就非常大。

虽然现在直播行业中，同类竞争的压力很大，但是市场需求量仍然很高。对于从事直播带货的主播来说，只要自己的货源好，款式多样，可以满足消费者在日常生活中各种场景的需求，那么消费者出于习惯和信任的心理作用，在关注主播直播间后，也很容易在同一直播间去购买产品，甚至愿意无条件地跟着主播来"买买买"，让主播的直播间的销售额直线上升。

5.1.3　搭建专业的直播间

寻找好直播的货源之后，如何从直播带货文案中塑造出专业的直播间效果呢？首先在直播开始阶段，主播可以介绍一下自己以及店铺的名称、店铺主要经营的产品，也可以讲述一下店铺的业绩。介绍的时间可以把控在 20 分钟左右，最好在直播之前，事先记住介绍内容，以免在介绍时忘记了重要信息。另外，讲述的语速最好平缓，让听众能够仔细听清内容。

接下来，可以通过与用户互动，活跃直播间气氛。例如利用关键字抽奖，调动用户的参与感以及积极性，在抽奖的同时，可以邀请用户关注直播间。此外，也可以邀请新进用户关注主播领取优惠券。

之后进入本次直播的重点环节——带货阶段，向用户介绍本次直播的产品，虽然在直播预告中已经展示过产品，但是在直播中的介绍会更加全面、详细。另外，在进行产品介绍之前，可以先告知消费者该产品的优点，然后再展示产品。

除了产品优点以外，产品来源的渠道也可以进行讲解，例如产品是属于自创品牌还是连锁品牌等。这一系列的介绍都是为了与消费者建立信任。

主播在介绍产品的同时，可以穿插着进行福利抽奖活动，带动直播间气氛，同时还不忘邀请消费者多多关注直播间。

5.2　抖音直播带货的运营技巧

作为直播电商的代表平台之一，越来越多的人通过抖音直播来进行带货，虽然直播可以实时与用户进行沟通，更加详细地展示商品，但是开直播的人很多，要想在直播中占据一席之地并不容易。

本节笔者就来为大家重点讲解抖音直播带货的相关知识，帮助大家有效地引导更多用户下单购物。

5.2.1　抖音直播带货的实用方法

大多数主播做抖音直播的主要目的，就是通过带货卖货来获得收益。那么，要如何提高目标用户的购买欲，增加直播间的销量和销售额呢？现在为大家介绍直播带货的实用方法。

1. 进行直播预热

在正式开启抖音直播之前，主播可以先做一些预热工作为直播造势，吸引更多用户及时观看你的直播。比如，在正式进行直播之前，主播可以先通过短视频内容进行直播预告，让用户了解直播的时间和关键内容，如图 5-4 所示。

图 5-4　通过短视频内容进行直播预告

这样，用户在看到短视频之后，便会马上明白你要进行直播了，而且如果对直播内容感兴趣，还会及时观看你的直播。

2. 熟悉带货五步法

可能很多人还是不知道如何更好地进行抖音直播卖货，接下来笔者就来介绍直播带货的五个步骤，帮助新人主播更好地提高直播的成交率。

1）取得用户信任

抖音中的直播很多，为什么用户会选择在你的直播间购买商品呢？那是因为用户信任你。所以在直播带货的沟通过程中，我们需要建立与用户之间的信任。具体来说，主播可以从通过下几点获取更多用户的信任。

（1）维持老客户的复购率。

（2）提供详细全面的商品信息。

（3）提供可靠的交易环境。

（4）进行有效的交流沟通。

（5）建立完善的售后服务。

2）塑造商品价值

决定用户购买商品的因素，除了信任还有商品的价值。在经济学中，商品具有价值和使用价值两个基本属性，如图5-5所示。

图5-5 商品的两个基本属性

商品的价值塑造可分为两个阶段：一为基础价值塑造，即根据商品的选材、外形、功能、配件、构造和工艺等；二为价值塑造，即展示商品的独特性、稀缺性、优越性和利益性。在直播中我们主要进行的就是商品价值的塑造。

（1）商品的独特性。

商品的独特性可以从商品的设计、造型出发，商品的设计可以是商品的取材，比如某化妆品中包含 Pitera™（一种半乳糖酵母样菌发酵产物滤液），并且声明这种透明液体可以明显地改善肌肤表皮层代谢过程，让女性肌肤长时间保持晶莹剔透，这就是商品独特性的塑造。

商品独特性的塑造可以让商品区别于其他同类商品，凸显出该商品的与众不同。当然在直播带货中，商品独特性的塑造必须要紧抓用户的购买需求。比如，某化妆品的功效是改善女性肌肤，主播在直播时就可以紧紧围绕女性想要改善肌肤的需求进行独特性的塑造。

（2）商品的稀缺性。

商品的稀缺性体现在市场上供应量小，或者供不应求。对于这样的商品，主播可以重点做好数据的搜集，让用户明白能买到该商品的机会不多。这样一来，用户为了获得商品，就会更愿意在直播间下单。

（3）商品的优越性。

商品的优越性可以是商品的先进技术优势，这主要体现在研发创新的基础上。比如，在手机或其他电子商品的直播中，可以借助商品的技术创新进行价值塑造，这甚至可以是刷新用户认知的商品特点，给用户制造惊喜。

除此之外，主播还可以从商品的造型优势上出发，如包包的直播，小型包包强调轻巧便携；中等型号的包包强调适合放置手机以及钱包、口红，并具有外形独特、百搭、适合拍照等特点；较大型的包包可以强调容量大，可放置化妆品、雨伞，并且适合短期旅行。这些都是从不同商品的特点出发，能够表现出各自的优势、让用户更加了解商品。

（4）商品的利益性。

商品的利益性是指商品与用户之间的利益关系，商品的利益价值塑造需站在用户的角度进行分析。比如，在进行家电直播时，主播可以强调商品给用户生活带来的便捷之处。无论是哪方面的价值塑造都是基于商品本身的价值，使用户获得更好、更舒适的生活体验，这就是商品价值塑造的基础。

以上塑造价值的方法都是基于商品本身的特点所提出的。除此之外，主播还可以通过赋予商品的额外价值来实现商品价值的塑造，赋予商品额外价值的方法有两个，如图5-6所示。

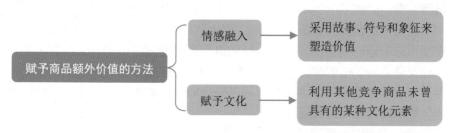

图5-6 赋予商品额外价值的方法

3）了解用户需求

在直播带货中，用户的需求是购买商品的重要因素。需求分为两大类，一类是直接需求，也就是所谓的用户痛点，比如用户需要哪种类型的商品，这就是直接需求。

另一类则是间接需求，这类需求分为两种：一种是潜在需求，主播在带货过程中可以引导用户的潜在需求，激发用户的购买欲望，潜在需求可能是用户没有明确表明的，或者是语言上不能表达清楚的；另一种是外力引起的需求，即由于环境等其他外力因素促使用户产生的需求。

在进行带货的过程中，主播不能只停留于用户的直接需求，而应该挖掘用户的间接需求。如何了解用户的间接需求呢？笔者认为可以从以下几个角度出发。

（1）客观思考分析用户的提问。

当用户通过弹幕在直播间提问时，主播需要客观分析用户的言语，去思考用户真正需要的商品。可能用户本身也不清楚自己所需要的商品，此时主播就可以通过直播进行引导。

（2）选择与用户相符合的商品。

每件商品都有针对的用户群体，你推荐的商品与用户相匹配，就能引起用户的共鸣，满足用户的需求。比如，高端品牌的抖音直播，要符合高消费人群的喜好，这类用户在购物时可能更注重商品的设计感和时尚感，对于价格则不太重视。因此，主播可以在把握这类群体心理特征的基础之上，重点分析和讲述商品。

4）根据需求推荐

了解了用户的需求之后，便可以根据用户的需求推荐商品了。当直播弹幕中表达需求的用户比较少时，主播可以进一步询问用户对商品的具体要求，比如用户是否对材质、颜色和价格等有要求。

确定了用户的具体需求之后，主播还可以通过直播向用户展示商品的使用效果，并对商品的细节设计进行说明，让用户更好地看到商品的优势，从而提高用户的购买欲望。

5）促使用户下单

根据需求推荐商品之后，主播可以通过限时和限量销售来营造紧迫感，让用户产生抢购心理，促使用户下单。

（1）通过限时营造紧迫感。

主播可以制造时间上的紧迫感，比如进行商品的限时抢购、限时促销等。通常来说，这类商品的价格相对比较实惠，所以往往也能获得较高的销量。

除此之外，主播还可以通过直播标题制造时间上的紧迫感。比如，可以将"限时抢购"等字眼直接写进直播标题里。

（2）通过限量营造紧迫感。

主播可以限量为用户提供优惠，限量的商品通常也是限时抢购的商品，但是也有可能是限量款，还有可能是清仓断码款。因为这类商品的库存有限，所以对商品有需求的用户，会快速下定购买决心。

3. 掌握常见的卖货技巧

在进行抖音直播带货的过程中，主播还得掌握一些实用的带货技巧。接下来，笔者就来为大家重点介绍 6 种抖音直播带货技巧，让大家快速提高直播间的转化率。

1）利用卖点提高销量

商品卖点可以理解成商品的优势、优点或特点，也可以理解为自家商品和别人家商品的不同之处。怎样让用户选择你的商品？和别家的商品相比，你家商品的竞争力和优势在哪里？这些都是主播在直播卖货过程中要重点考虑的问题。

在观看直播的过程中，用户或多或少会关注商品的某几个点，并在心理上认同该商品的价值。在这个可以达成交易的关键时刻，能够促使用户产生购买行为的，就是商品的核心卖点。找到商品的卖点，便可以让用户更好地接受商品，并且认可商品的价值和效用，从而达到提高商品销量的目的。

因此，对于主播来说，找到商品的卖点，不断地进行强化和推广，通过快捷、高效的方式，将找出的卖点传递给目标用户是非常重要的。

主播在直播间销售商品时，要想让自己销售的商品有不错的成交率，就需要满足目标受众的需求点，而满足目标用户的需求点是需要通过挖掘卖点来实现的。

但是，如果满足目标用户需求的商品在与其他商品的对比中体现不出优势，那商品卖点也就不能称之为卖点了。要想使商品的价值更好地呈现出来，主播需要学会从不同的角度来挖掘商品的卖点。挖掘卖点的方法具体如下。

（1）结合当前流行趋势挖掘卖点。

流行趋势就代表着有一群人在追随这种趋势。主播在挖掘服装的卖点时，可以结合当前的流行趋势来找到服装的卖点，这也一直是各个商家惯用的营销手法。

比如，当市面上大规模流行莫兰迪色系的时候，在服装的介绍宣传上就可以通过"莫兰迪色系"这个标签吸引用户的关注；当夏天快要来临，女性想展现自己身材的时候，销售连衣裙的主播就可以将穿上之后更能凸显身材作为卖点。

（2）从服装的质量角度挖掘卖点。

商品质量是用户购买商品时的一个关注点。大部分人购买商品时，都会考虑将商品的质量作为重要的参考要素。所以，主播在直播带货时，可以重点从商品的质量方面挖掘卖点。比如，主播在挖掘服装的卖点时，可以将商家标明的质量卖点作为直播的重点内容，向用户进行详细的说明。

（3）借助名人效应打造卖点。

大众对于名人的一举一动都非常关注，他们希望可以靠近名人的生活，从而得到心理上的满足。这时，名人同款就成为服装的一个宣传卖点。

名人效应在日常生活中的各方面具有一定的影响力，如选用明星代言广告，可以刺激用户消费；明星参与公益活动项目，可以带领更多的人去了解、参与公益。名人效应就是一种品牌效应，它可以起到吸引更多人关注的作用。

主播只要利用名人效应来营造、突出服装的卖点，就可以吸引用户的注意力，让他们产生购买的欲望。

2）借助用户树立口碑

在用户消费行为日益理性化的情况之下，口碑的建立和积累可以给短视频和直播带货带来更好的效果。建立口碑的目的就是为品牌树立一个良好的正面形象，并且口碑的力量会在使用和传播的过程中不断加强，从而为品牌带来更多的用户流量，这也是商家都希望用户能给好评的原因。

优质的商品和售后服务都是口碑营销的关键，处理不好售后问题会让用户对商品的看法大打折扣，并且还会降低商品的复购率，而优质的售后服务则能让商品和店铺获得更好的口碑。

口碑体现的是品牌和店铺的整体形象，这个形象的好坏主要体现在用户对商品的体验之上，所以口碑营销的重点还是不断提高用户体验。具体来说，用户的体验可以从3个方面进行改善，如图5-7所示。

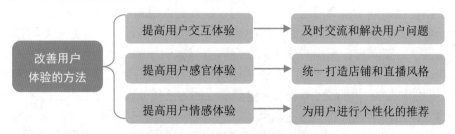

图5-7 改善用户体验的方法

3）展现商品自身的卖点

在抖音直播的过程中，主播可以展示使用商品之后带来的改变。这个改变也是证明商品价值的良好方法，只要改变是好的，对用户而言就是有实用价值的，那么用户就会对你推荐的商品感兴趣。用户在观看抖音直播时如果发现了商品的与众不同，就会产生购买的欲望，所以在直播中展示商品带来的变化是非常重要的。

比如，某销售化妆品的店铺在策划抖音直播时，为了突出自家商品的非凡实力，决定通过一次以"教你一分钟化妆"为主题的直播活动来教用户化妆。因为"一分钟化妆"听起来有些不可思议，所以该直播吸引了不少用户的目光。这场直播不仅突出了商品的优势，而且还教会了用户化妆的技巧。因此，该店铺的这场直播，不仅在短时间内吸引了6000多人观看，还获得了数百笔订单。

4）比较同类商品的差价

俗话说："没有对比就没有伤害"，买家在购买商品时都喜欢"货比三家"，然后选择性价比更高的商品。但是很多时候，用户会因为不够专业而无法判断商品的优劣。此时主播在直播中则需要通过与竞品进行对比，以专业的角度，向用户展示差异化，以增强商品的说服力及优势。

对比差价在直播中是一种高效的带货方法，它可以带动气氛，激发用户购买的欲望。相同的质量，价格却更为优惠，那么直播间的商品会更容易受到用户的欢迎。常见的差价对比方式就是，某类商品的直播间价格与其他销售渠道中的价格进行对比，让用户直观地看到直播间商品价格的优势。

比如，某短视频直播间中销售的煲汤砂锅的常规价为 9.9 元，券后价更是只要 7.9 元。此时，主播便可以在电商平台上搜索煲汤砂锅，展示其价格，让用户看到自己销售的商品的价格优势。

通过对比让用户看到，该抖音直播间销售的煲汤砂锅在价格上有明显的优势。在这种情况下，观看直播的用户就会觉得该直播间销售的煲汤砂锅，甚至其他商品都是物超所值的。这样一来，该直播间的销量便会得到明显的提高。

5）提供增值内容以提高用户获得感

在直播时要让用户心甘情愿地购买商品，其中比较有效的一种方法是为用户提供增值内容。这样一来，用户不仅获得了商品，还收获了与商品相关的知识或者技能，自然是一举两得，购买商品也会毫不犹豫。

那么，增值内容主要体现在哪些方面呢？笔者将其大致分为 3 点，即陪伴、共享以及学到东西。

典型的增值内容就是让用户从直播中获得知识和技能，很多抖音直播在这方面就做得很好。比如，一些利用直播进行销售的商家纷纷推出商品的相关教程，给用户带来更多所需的商品增值内容。

比如，某销售手工商品的抖音直播间中，经常会向用户展示手工商品的制作过程，如图 5-8 所示。该直播不仅能让用户看到手工商品的制作过程，还会教用户一些制作的技巧。

图 5-8 展示手工商品的制作过程

在主播制作商品的同时，用户还可以通过弹幕向其咨询制作商品的相关问题，比如"这个花是用什么材质做的？""这里是要把材料慢慢捏成球形吗？"等，主播通常也会耐心地为用户进行解答。

这样的话，用户不仅仅通过抖音直播得到了商品的相关信息，而且还学到了商品制作的窍门，对手工制作也有了更多了解。而用户在了解了商品的制作过程之后，就会想要买主播制作的商品，或者购买材料，自己制作手工商品。这样一来，直播间商品的销量自然也就上去了。

6）呈现商品的使用场景

在直播营销中，想要不露痕迹地推销商品，不让用户感到太反感，比较简单有效的方法就是将商品融入场景。这种场景营销类似于植入式广告，其目的在于营销，方法可以多式多样。具体来说，将商品融入场景的技巧如图5-9所示。

图5-9　将商品融入场景的技巧

比如，在某茶叶的销售直播中，主播在家中拿着一个款式比较常见的茶杯，向用户展示泡好的茶。因为在日常生活中，许多人在家里都会用这样的茶杯泡茶，所以用户在看到这样的泡茶场景之后便会觉得非常熟悉，仿佛泡茶的就是自己，这样便达到了让用户融入商品使用场景的目的。

因此，用户看到抖音直播中展示的茶叶使用场景之后，就会觉得该茶叶看上去很不错。这样一来，观看直播的用户自然会更愿意购买该款茶叶，而这款茶叶的销量自然也就上去了。

5.2.2　提升直播间的转化效果

很多商家或主播看到别人的直播间中爆款多、销量高，难免会心生羡慕。其实，只要你用对方法，也可以提升直播间的转化效果，打造出自己的爆款产品。本节主要介绍直播卖货常用的促单技巧，从而促使用户快速下单。

1. 选择合适的带货主播

直播销售主播实际就是一个推销员，而作为一个直播商品推销员，最关键的就是要掌握如何获得流量，从而快速提高直播间商品的转化率。如果不能提高直播间的转化率，就算主播夜以继日地直播，也很难得到满意的结果。

主播需要对自己带货的商品足够地了解且专业，了解自己在卖什么，掌握商品的相关信息，这样自己在直播的过程中，才不会出现无话可说的尴尬局面。同时，主播还要学会认识自己的粉丝，最好可以记住他们的喜好，从而有针对性地向他们推荐产品。

在抖音平台上，很多商家并没有直播经验，因此在直播带货时的效果并不好，此时即可考虑寻找高流量的优质带货主播进行合作，让合适的人做合适的事。寻找主播资源的渠道除了网红主播的孵化机构和各大直播平台的达人主播外，商家还可以通过抖音电商平台的达人广场、达人招商、达人榜单、团长招商、抖 Link 选品会、平台招募计划、绑定直播基地等渠道与达人合作。

2. 直击用户痛点的产品

虽然抖音的直播间主要目的是卖货，但这种单一的内容形式难免会让用户觉得无聊。因此，主播可以根据用户痛点，给用户带来一些有趣、有价值的内容，提高用户的兴趣和黏性。

直播时并不是要一味地吹嘘产品的特色卖点，而是要解决用户的痛点，这样他才有可能在你的直播间驻足。很多时候，并不是主播提炼的卖点不够好，而是主播自认为的卖点不是用户的痛点所在，并不能解决他的需求，所以对用户来说自然就没有吸引力了。当然，前提是主播要做好直播间的用户定位，明确用户是追求特价，还是追求品质，或者是追求实用技能，以此来指导优化直播内容。

主播对产品要有亲身体验，并告诉用户自己的使用感受，同时还可以列出真实用户的买家秀图片、评论截图或短视频等内容，这些都可以在直播间展示出来，有助于杜绝虚假宣传的情况。比如，某主播在直播间亲自试用美甲产品，给用户展示产品的使用方法和卸除方法，以及使用后的效果。

痛点，就是用户急需解决的问题。用户为了解决自己的痛点，一定会主动地去寻求解决办法。每个人在面对自己的痛点时，是最有行动效率的。

大部分用户进入直播间，就表明他在一定程度上对直播间是有需求的，即使当时的购买欲望不强烈，主播也完全可以通过抓住用户的痛点，让购买欲望不强烈的用户及时下单。

当主播在提出痛点的时侯需要注意，只有与用户的"基础需求"有关的问题，才能算是他们的真正痛点。"基础需求"是一个人最根本和最核心的需求，这个需求没解决的话，人的痛苦会非常明显。

主播在寻找和放大用户痛点时，让用户产生解决痛点的想法后，可以慢慢地引入自己想要推销的产品，给用户提供一个解决痛点的方案。在这种情况下，很多人都会被主播所提供的方案给吸引住。毕竟用户痛点被主播提出来后，用户一旦察觉到痛点的存在，第一反应就是消除这个痛点。

主播要先在直播间中营造出用户对产品的需求氛围，然后再去展示要推销的产品。在这种情况下，用户的注意力会更加强烈、集中，同时他们的心情甚至会有些急切，希望可以快点解决自己的痛点。

通过这种价值的传递，可以让用户对产品产生更大的兴趣。当用户对产品有进一步了解的欲望后，这时主播就需要和他们建立起信任关系。主播可以在直播间与用户聊一些产品的相关知识和技能，或者提供一些专业的使用建议，来增加用户对自己的信任。

总之，痛点就是通过对人性的挖掘，来全面解析产品和市场；使他们对产品和服务产生渴望和需求。痛点就潜藏在用户的身上，需要商家和主播去探索和发现。"击中要害"是把握痛点的关键所在，因此主播要从用户的角度出发来进行直播带货，并多花一些时间去研究用户的痛点。

3. 营造产品的抢购氛围

直播间的互动环节，其主要目的在于活跃气氛，让直播间变得更有趣，避免发生尴尬的状况。主播可以多准备一些与用户进行互动交流的话题，可以从以下两方面找话题，如图 5-10 所示。

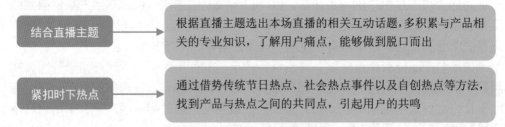

图 5-10 找互动话题的相关技巧

除了互动话题外，主播还可以策划一些互动活动，如红包和免费抽奖等，不仅能够提升用户参与的积极性，而且还可以实现裂变引流。另外，主播还可以在助播和场控的帮助下，营造产品的稀缺抢购氛围，从而提升用户下单的积极性。

1）助播的作用

助播，简单地理解就是帮助主播完成一些直播工作，也可以称之为主播助理，其具体工作内容如下。

（1）直播策划：助播需要协助主播一起进行直播策划，包括策划直播主题和具体内容，以及带货商品的选品定价等事务。

（2）协助直播：在主播直播的过程中，助播也需要在直播间完成一些流程性的工作，如整理货物、盘点商品库存和拿货，以及与其他人员沟通直播情况，并及时对直播流程进行调整。

（3）参与直播：助播也需要在直播间适时出镜，帮助主播跟用户一起互动，营造出良好的气氛，并引导用户关注直播间和下单。

对于主播来说，助播能够起到锦上添花的作用，一主一辅相互配合，彼此形成一种相互依赖的关系。例如，在平台大促期间，当主播的嗓子已经喊哑的时候，助播就要说更多的话，告诉用户怎么领券下单，从而分担主播的压力。

如果主播的粉丝量非常大，达到了几十万，而且粉丝的活跃度非常高，此时就需要增加一些助播人数了。当然，一个助播每天也可以协助多个主播，来延长自己的工作时间，从而获得更多收入。

2）场控的作用

对于主播来说，直播间的场控是一个炒热气氛的重要岗位，他不仅可以帮助主播控制直播间的节奏，解决一些突发状况，而且还可以引导粉丝互动和下单。直播间场控的具体要求如图 5-11 所示。

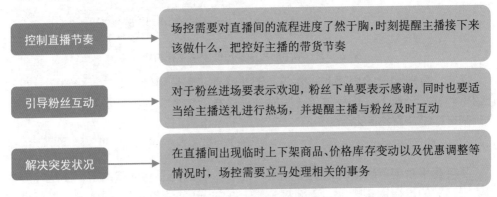

图 5-11　场控的具体要求

对于一些小商家来说，如果运营人员的时间足够多，同时能力也比较强，也可以由运营来兼任直播间场控一职。

3）活跃直播间氛围的技巧

在抖音直播间中，主播除了需要充分展示产品的卖点外，还需要适当地发挥自己的个人优势，利用一些直播技巧来活跃直播间的氛围，从而提升用户的黏性和转化效果，相关技巧具体如下。

（1）提升活跃度：主播可以适当地向用户提供一些利益，让他们能在直播间免费获得一些好处，通过利益驱动来提高用户活跃度。

（2）构建真实场景：主播可以通过自信的商品介绍，并适当地配合一点肢体动作或语言，把话题集中在商品上，在直播间构建一个让用户"眼见为实"的消费场景。

（3）增加亲密度：主播在直播中可以和用户分享自己的生活，积极回复用户的问题，遇到不懂的地方也可以适当地向用户寻求帮助，这些都可以让双方之间的感情更加亲近。

直播卖货的关键在于营造一种抢购的氛围，来引导用户下单，相关的促单话术和技巧如图 5-12 所示。

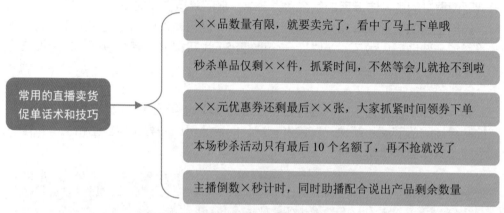

常用的直播卖货促单话术和技巧

××品数量有限，就要卖完了，看中了马上下单哦

秒杀单品仅剩××件，抓紧时间，不然等会儿就抢不到啦

××元优惠券还剩最后××张，大家抓紧时间领券下单

本场秒杀活动只有最后 10 个名额了，再不抢就没了

主播倒数×秒计时，同时助播配合说出产品剩余数量

图 5-12　常用的直播卖货促单话术和技巧

其实，直播卖货的思路非常简单，无非就是"重复引导（关注、分享）＋互动介绍（问答、场景）＋促销催单（限时、限量与限购）"，主播只要熟练掌握这个思路，便可轻松在直播间卖货。

4. 掌握直播销售的能力

在抖音平台上，想要打动直播间用户的心，让他们愿意下单购买，主播需要先锻炼好自己的直播销售技能。下面将分享一些关于直播销售的心得体会，来帮助主播更好地进行直播卖货工作。

1）转变身份：加快引流速度

直播销售是一种通过屏幕和用户交流、沟通的职业，它必须依托直播方式来让用户产生购买行为，这种买卖关系使得主播会更加注重建立和培养自己与粉丝之间的亲密感。

因此，主播不再是冷冰冰的形象或者单纯的推销机器，而是逐渐演变为更加亲切的形象。主播会通过和用户实时的信息沟通，及时地根据用户的要求来进行产品介绍，或者回答用户提出的有关问题，实时引导用户进行关注、加购和下单等操作。

正是由于主播的身份转变需求，很多主播在直播间的封面上，一般都会展现出邻家小妹或者优雅淑女等容易使用户产生好感的画面。图 5-13 所示为风格优雅的直播封面图。

图 5-13　风格优雅的直播封面图示例

当主播的形象变得更加亲切和平易近人后，用户对于主播的信任和依赖也会逐渐加深，甚至还会开始寻求主播的帮助，借助主播所掌握的产品信息和相关技能，帮助自己买到更加合适的产品。

2）管好情绪：提高直播权重

主播在直播卖货的过程中，为了提高产品的销量，会采取各种各样的方法来达到自己想要的结果。但是，随着步入抖音直播平台的主播越来越多，每一个人都在争夺流量，想要吸引粉丝、留住粉丝。

毕竟，只有拥有粉丝，才会有购买行为的出现，继而保证直播间的正常运行。在这种需要获取粉丝流量的环境下，很多个人主播开始延长自己的直播时间，而商家也开始采用多位主播来轮岗直播的方式，以此获取更多的曝光量。

这种长时间的直播，对于主播来说，是一件非常具有挑战性的事情。因为主播在直播时，不仅需要不断地讲解产品，还要积极地调动直播间的氛围，同时还需要及时地回复用户所提出的问题，可以说是非常忙碌的，会感到极大的压力。

在这种情况下，主播就需要做好自己的情绪管理，保持良好的直播状态，使得直播间一直保持热烈的氛围，从而在无形中提升直播间的权重，获得系统给予的更多的流量扶持。

3）用好方法：提升直播间销量

直播销售是一种需要用户掏钱购买商品的模式，而主播要想让用户愿意看自己的直播，愿意在自己的直播间花钱购买商品，还愿意一直关注自己，成为忠实粉丝，这些都不是容易的事情。

主播不可能随随便便就让用户愿意留在直播间，也不可能一味地向用户说这个产品有多么好，就可以让用户下单购买。因此，主播需要掌握合理的直播销售方法，这样才能在一定程度上留住用户，提升直播间的销售额。图 5-14 所示为直播带货的产品介绍流程。

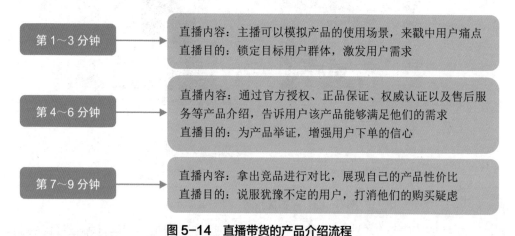

图 5-14　直播带货的产品介绍流程

> **专家提醒**
>
> 　　爆款是所有商家追求的产品，显而易见，其主要特点就是非常火爆，具体表现为流量高、转化率高、销量高。不过，爆款通常并不是店铺的主要利润来源，因为大部分爆款都是性价比较高的产品，这些产品的价格相对来说比较低，因此利润空间也非常小。

5.3　快手直播带货的运营技巧

　　提到直播电商的代表平台，一定不能忘记快手。虽然快手的直播功能开通较晚，但是因为快手主打的是下沉市场，因此发展起来非常迅速。在快手进行直播带货，需要掌握一些运营技巧。本节笔者就为大家讲解在快手进行直播带货的技巧。

5.3.1　快手直播带货的技巧

　　2017 年，快手开通直播，它采用的是打赏加带货的模式发展，虽然起步要比淘宝晚，但是发展速度比淘宝还要快一些。快手直播的发展比较简单，内容审核比较宽松，只要不违反法律即可。

　　众所周知，快手面向的用户群体范围主要集中在三、四线城市，甚至是城镇和农村。快手电商的商品类型主要是低毛利率的尾货商品，其成交场所主要有淘宝、有赞、快手自营、拼多多等。

快手直播带货的优势主要有以下几点，如图 5–15 所示。

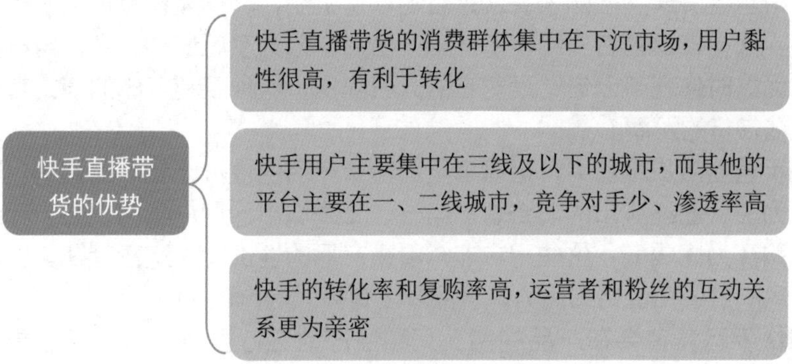

快手直播带货的优势
快手直播带货的消费群体集中在下沉市场，用户黏性很高，有利于转化
快手用户主要集中在三线及以下的城市，而其他的平台主要在一、二线城市，竞争对手少、渗透率高
快手的转化率和复购率高，运营者和粉丝的互动关系更为亲密

图 5–15　快手直播带货的优势

快手是根据用户的社交关注和兴趣爱好来推荐内容的，同样也是基于这个机制为运营者分配流量。快手平台的内容展现形式是瀑布式双栏，用户关注喜欢的账号之后就可以在“精选”页接收到运营者推送的内容。

快手平台的用户黏性高，是因为快手的互粉推荐机制，也就是说平台会根据用户关注的账号为用户推荐相关联的账号。平台推荐的账号一般有以下这 4 种类型。

① 根据你关注的人推荐。

② 有多少位好友共同关注。

③ 你可能认识的人。

④ 附近的人。

互相关注的人会成为你的好友，可以在快手“关注”界面中查看，其账号名称下方会有“互相关注”的标签，如图 5–16 所示。

粉丝
关注
朋友
搜索用户昵称或备注
全部关注
互相关注
通过粉丝列表...
戳一下
快手平台账号
互相关注

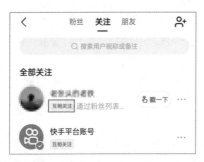

图 5–16　快手的“关注”界面

快手独特的内容生态、社区气氛、粉丝经济奠定了直播带货的基础，其内容生态的真实性使运营者很容易取得粉丝的信任。除了内容之外，相较于其他平台的

运营者，快手运营者更加注重和粉丝的互动，这使得快手的粉丝黏性和忠诚度都非常高。

快手粉丝经济最突出的表现就是互动秒榜机制，具体操作是你给其他运营者一直刷礼物，获得该运营者礼物榜单的第一名后，他为了感谢你，会让自己的粉丝团关注你，而这时你就可以借助运营者的人气卖货，这种互利互惠的模式有利于快手电商和直播带货的发展。

在快手直播带货平台中，运营者更加注重产品的性价比和产品直销。因为快手的用户多为三、四线城市的消费者。与一、二线城市的用户不同，三、四线城市用户的消费购买力比较低，这些用户非常看重产品的性价比。运营者在卖货时需要告诉用户产品的价值和价格的优势，讲品牌没有多大的作用。

很多快手运营者会在产品的加工厂和原产地进行直播，强调产品是"源头好货"，这种直播带货方式可以让用户和粉丝对产品的质量放心。

另外，快手打通了全部的电商渠道，比如淘宝、天猫、京东和拼多多等。利用外部电商平台的成熟运营体系来保障商家和消费者的权益，通过运营者直播带货，对接货源和用户，做到商品和用户的高度匹配。

和抖音等其他平台的流量分发机制不同，快手运营者更容易沉淀私域流量。

基于快手直播生态内容的真实性，KOC（Key Opinion Consumer，关键意见消费者）营销模式有利于运营者的直播带货。KOC 也是产品的深度体验者，他们直播分享自己对产品的亲身体验，带货过程中注重和粉丝的互动。虽然内容不一定非常优质，但却足够真实，用户对其的信任度非常高，可以将平台的公域流量转化为私域流量。

例如，某快手账号直播分享的是对于产品的评测，向粉丝详细地介绍产品的功能以及自己的使用体验。虽然他在直播的过程中显得不是很自然从容，但是反而让人觉得更加真实和朴素。

淘宝直播平台看重的是头部运营者，而快手更加注重腰部运营者。为此，快手一方面激励运营者创作出更多优质内容，另一方面提供多种功能和工具，帮助腰部运营者快速获取粉丝，实现转化和变现。

虽然，快手直播在粉丝的用户黏性上占据优势，但是直播电商最为重要的是产品的复购率和质量问题。产品一旦出现质量问题，运营者和平台就会产生信任危机，这是快手需要进一步完善的地方。

直播带货是快手运营中非常重要的部分，笔者接下来就来讲解快手直播带货的技巧。运营者在快手进行直播带货需要做到 7 个方面，具体内容如下。

1. 吸引观众注意力

运营者在直播时要时刻保持热情的状态，用自己的情绪去感染直播间的观众，让直播间维持火热的气氛。要做到这一点，笔者建议运营者可以用发福利、赠送礼物等形式来吸引观众。

2. 传递有效的信息

直播的时间虽然不短，但却是十分宝贵的。因为观众的注意力是有限的，所以运营者在直播的过程中要充分地利用时间来讲解产品的有效信息。以服装产品为例，产品的有效信息包括：尺码、材质、款式等。

3. 刺激购买的欲望

要想刺激观众的购买欲望，促使观众下单购买，可以通过饥饿营销、价格刺激和挖掘痛点等方法来实现。例如，运营者可以告诉观众，某件商品只有500件的库存，市场原价300元，现在搞活动，领取优惠券只要150元。这样观众听到后就会产生一种紧迫感，从而产生购买的冲动和欲望。

4. 打消观众的顾虑

任何人在购买商品的时候都会有所顾虑，之所以犹豫是因为担心产品可能产生的各种问题，比如售后服务、质量、保修、价格和安全性等，如果运营者能针对观众的这些疑问给予解决方案，那么就能打消其顾虑，从而使他们放心地购买产品。

例如，针对售后问题，运营者可以承诺七天无理由退货；针对质量问题，运营者可以承诺假一赔十；针对安全问题，运营者可以承诺纯天然手工制作。

5. 确保用户成交率

在直播带货的过程中，观众下单是非常重要的一步，所以为了引导观众下单和避免有些观众因不熟悉操作而导致订单流失，运营者需要在直播时反复强调和讲解下单的流程操作方法，以确保用户成交率。

6. 直播数据的分析

运营者要想做好直播带货，就必须学会数据分析，而要想做好数据分析，就必须要有一款专业的数据分析工具。无论是做短视频运营还是直播运营，对数据的分析是必不可少的，数据分析可以优化我们的运营决策。所以，这里笔者给大家推荐一款专业的短视频和直播电商数据分析工具——飞爪数据快手版。

飞爪数据快手版有两个非常实用的功能，具体内容如下。

1）直播监控

直播监控能够快速抓取直播的最新数据，提供快速直播数据趋势监控和数据导出服务；能够分析直播的效果，包括运营者的礼物收入、弹幕数量和人气值等，以便运营者能够快速查看直播效果。图5-17所示为飞爪数据快手版直播监控的相关界面。

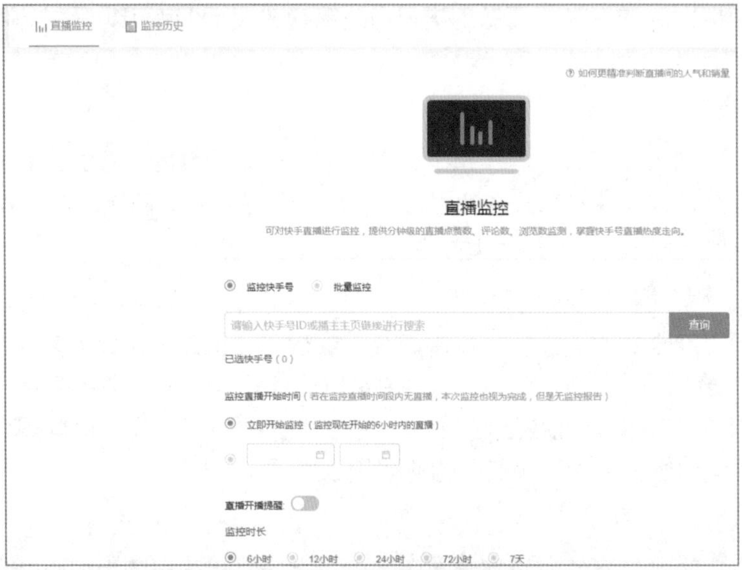
直播监控
监控历史
直播监控
监控快手号
批量监控
查询
已选快手号（0）
直播开播提醒
监控时长
6小时
12小时
24小时
72小时
7天

图 5-17　飞爪数据快手版直播监控的相关界面

2）直播数据分析

除了直播监控这一功能之外，另一个功能就是直播数据分析，通过这个功能，运营者可以实时了解直播的趋势走向，如销售趋势、点赞数趋势、直播时长趋势等 7 种维度的曲线趋势图。此外，还提供直播粉丝画像、送礼用户 TOP 排行榜、弹幕词云等内容。

7. 必备的互动话语

对于快手新人来说，最大的问题在于不知道如何与观众、粉丝进行互动，有的主播甚至在直播一开始就陷入冷场的尴尬境地。笔者总结了新手运营者在互动时常见的几个问题，如图 5-18 所示。

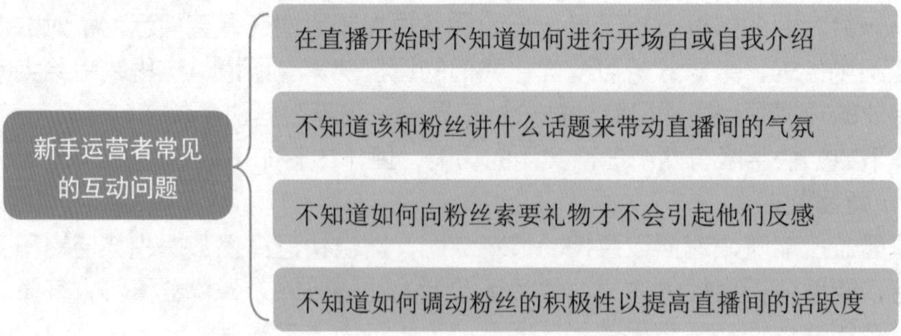
新手运营者常见的互动问题
在直播开始时不知道如何进行开场白或自我介绍
不知道该和粉丝讲什么话题来带动直播间的气氛
不知道如何向粉丝索要礼物才不会引起他们反感
不知道如何调动粉丝的积极性以提高直播间的活跃度

图 5-18　新手运营者常见的互动问题

针对这些问题，笔者接下来就教大家一些运营者必备的暖场话语，帮助新手运营者提升自己的互动技巧，告别冷场。

1）宣传话语

在直播的过程中，运营者要学会给自己打广告，进行宣传，向粉丝和观众推广自己，这样能获得他们的喜爱，吸引新的粉丝关注。常见的宣传话语有 3 种，下面笔者分别来进行介绍。

（1）时间宣传话语。

时间宣传话语就是告诉粉丝和观众自己直播的时间日期和时间段，例如："观众朋友们，我会在每天晚上 8 点到 11 点进行直播，每天准时不见不散。"

（2）才艺宣传话语。

如果运营者拥有一定的才艺，就可以向观众宣传自己的才能和技艺，也就是告诉他们自己会什么，例如："我既会唱歌，又会跳舞，尤其擅长古风歌曲，现在我就给大家演奏一首。"

（3）自我宣传话语。

自我宣传话语其实就是自我介绍或者自我营销，在使用这种话语时可以进行一定的夸张，可以增加粉丝对你的崇拜感和期望值，例如"我有经天纬地之才，包藏天地之志"等。

2）欢迎话语

俗话说："来者是客。"对于运营者来说，每一个进入直播间的粉丝和观众都要欢迎，不管粉丝的等级大小，是否给你刷过礼物，不能有失偏颇。

那么，运营者可以说些什么话来欢迎进入直播间的粉丝呢？常见的进场欢迎话语具体如下。

① "欢迎某某这位小伙伴进入我的直播间。"

② "欢迎某某，好久不见，最近还好吗？"

③ "某某，你怎么这么晚才来，我生气了。"

④ "欢迎某某大驾光临，希望你玩得开心。"

⑤ "欢迎某某，小伙伴，你是第一次来吗。"

⑥ "新来的小伙伴不熟悉玩法的可以问我。"

运营者通过进场欢迎话语可以让进直播间的粉丝和观众感受到运营者的热情和真诚，还能让他们产生存在感和被重视的感觉，进而提高直播间的留存率。

3）引导话语

当直播间陷入冷场时，运营者需要有意识地带动气氛，这就要求运营者能够根据不同的情景用不同的话语来引导粉丝和观众参与互动。要想做到这一点，就需要学会使用话题引导话语，话题引导话语的作用就是让直播间的粉丝能够积极发言，提高他们的参与积极性，延长其停留的时间。

接下来，笔者就来给大家举例一些常见的话题引导话语，帮助运营者提高直播间的活跃度，具体示例如下。

① "大家怎么都不说话，不如我给你们唱首歌怎么样？"

② "你们玩不玩 ×× 游戏，我在 ×× 区，你们呢？"

③ "想听我唱《××》的发1，想听《××》的发2！"

④ "觉得我讲得好的话，就给我刷一波鲜花或666！"

⑤ "接下来就是见证奇迹的时刻了，来一波鲜花让我感受一下你们的热情好吗？"

4）请求关注话语

我们做直播就是为了积累粉丝，所以运营者要时刻想尽办法提醒观众和用户关注你的直播间或账号。请求关注的话语有很多，运营者尽量不要翻来覆去只用一句话，这样会使用户感到枯燥乏味，没有新意。如果每次请求用户关注时都能够用不同的话语来表达，这样效果会明显不同。

下面笔者列举了一些不同的请求关注的话语，如图5-19所示。

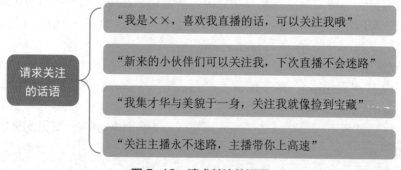

图 5-19　请求关注的话语

5）索要礼物话语

礼物打赏是运营者的收入来源之一，所以运营者在直播的过程中要尽可能地用话语来激发粉丝进行礼物打赏。在此，笔者总结了一些运营者索要礼物时的常用话语，具体示例如下。

① "喜欢看我直播的，可以送个礼物为我捧场哦。"

② "三分喜欢点关注，七分喜欢刷礼物，十分喜欢开守护。"

③ "我今天心情不好，求礼物安慰。"

④ "我这么可爱，你难道不刷个礼物奖励一下吗？"

⑤ "听说下雨天和礼物更配哦，老铁们，刷一波礼物走起来！"

⑥ "我琴棋书画样样精通，但是要有礼物支持才有动力啦！"

6）感谢话语

运营者在收到粉丝礼物后，要对粉丝表达感谢。其实感谢这种行为是人的本能反应，并不需要专门进行训练，但不同情况下，所使用的感谢话语以及情感的表达程度是有所区别的。

接下来，笔者就来介绍 3 种情况下的感谢话语，具体内容如下。

① 连续送礼物时："感谢 ×× 送的 999 朵玫瑰，我一整天都觉得心里好甜，非常感谢。"

② 单个价值很大："感谢 ×× 送的火箭，谢谢小伙伴。"

③ 第一次刷礼物："感谢 ××，看了那么多次的直播，终于送礼物了，肯定是被我打动了。"

7）下播话语

能够坚持到直播结束的观众都是运营者的忠实粉丝，对于一个合格的快手运营者而言，每一场直播都要做到善始善终。所以，在直播快要结束时，运营者需要用下播话语来对直播做一个简单的总结。笔者总结了常见的下播话语，具体如下。

①"时间过得好快，又到了该下播的时候了，感谢小伙伴们陪我到现在，陪伴是最长情的告白，明天见哦。"

②"今天的直播就要结束了，感谢大家的支持，早点休息，明天晚上 8 点，我会准时开播，不见不散。"

③"最后我给大家唱一首歌，让我们在歌声中愉快地结束这次直播，没关注的记得点个关注。"

④"我突然有点急事要办，今天的直播先到这里，还望小伙伴们见谅，下次直播我会提前通知大家的。"

下播话语不仅是对本次直播的总结，更是下一场直播的预告，它能够加深粉丝对你的不舍之情，从而提高粉丝的黏性。

8）谈心话语

很多运营者在直播互动的过程中，经常会和粉丝谈心来拉近双方的距离，加深彼此之间的感情。与粉丝谈心的话语没有什么固定的模板，最重要的是要推心置腹、坦诚相待，这样才能得到粉丝的信任。

运营者可以和粉丝吐露自己做直播的真实想法，比如："我做直播除了因为兴趣爱好之外，还有就是想得到别人的认可，当然也希望能获得一定的收入"。

5.3.2　直播引流的内容形式

在互联网商业时代，流量是所有商业项目生存的根本，谁可以用更短的时间获得更多、更精准的流量，谁就有更多的变现机会。而快手直播就能够达到在短期内获得大量流量的目的。因此，许多快手运营者都会选择通过开直播来进行引流。

对于一般人而言，在通过快手直播引流时可以采用"无人物出镜"的内容形式。虽然使用这种方式粉丝增长速度比较慢，但我们可以通过账号矩阵的方式来弥补，以量取胜。接下来，笔者就来介绍"无人物出镜"直播的几种内容形式。

1. 真实场景＋字幕说明

发布的短视频可以通过真实场景演示和字幕说明相结合的形式，将自己的观点全面地表达出来，这种直播方式不需要运营者本人出镜，同时又能够将内容完全展示出来，非常接地气，自然能够得到大家的关注和点赞。

2. 游戏场景＋运营者语音

大多数用户看游戏直播关注的重点还是游戏画面。运营者之所以能够吸引用户观看游戏直播，除了本身过人的操作之外，语言表达能力也很关键。因此，游戏场景＋运营者语音是许多运营者的重要直播形式。图 5-20 所示为快手的游戏直播界面。

图 5-20　快手的游戏直播界面

3. 图片＋字幕（配音）

如果直播的内容都是一些技能讲解和专业知识，那么运营者可以选择采用图片＋字幕（配音）的形式进行内容展示。

在直播的过程中，运营者就可以引导粉丝或观众添加其 QQ 或者微信联系方式，将直播间的流量引到自己的私域流量池。

第6章

新媒体电商：顺应时代新潮流

学前提示

　　新媒体电商是以新媒体为载体而开展的各种电子商务，它侧重于向用户提供个性化的服务，主要代表的平台有今日头条、一点资讯、百度自媒体平台、网易新闻和知乎平台等。

　　本章笔者将为大家讲解新媒体电商的基础内容、常用运营平台和运营技巧，帮助大家更好地了解新媒体电商。

要点展示

➢ 全面了解新媒体电商

➢ 新媒体电商常用的运营平台

➢ 新媒体电商的运营技巧

6.1　全面了解新媒体电商

在移动互联网迅速发展的当下，新媒体给传统媒体带来了很大的冲击，为许多行业的发展提供了新的营销平台。本节笔者主要带领大家一起走进新媒体、认识新媒体，帮助读者对新媒体的运营有一个初步的认识。

6.1.1　新媒体的七大类型

由于对新媒体的划分标准不一，业界对新媒体还没有作出完全硬性的分类标准。目前，对新媒体的定义主要从以下两个方面了解。

（1）狭义上，新媒体是继报纸、广播、电视等传统媒体之后，快速发展起来的一种新的媒体形态，主要包括网络媒体、手机媒体、数字电视等，这是相对于传统媒体而言的。

（2）广义上，新媒体指的是在各种数字技术和网络技术的支持下，通过计算机、手机及数字电视等各种网络终端，向用户提供信息和服务的传播形态，其特点是一种媒体形态的数字化。

新媒体相较于传统媒体来说，它更偏重于为受众提供个性化的服务。在注重个性化的同时，它也为传者和受众提供了一个可以交流的平台。

新媒体营销是指利用新媒体平台进行营销的一种模式。就目前行业的发展来说，最具代表性的有科技博客、手机媒体、IPTV、数字电视、移动电视、微博和微信这七大类。

下面笔者将对新媒体的这七大营销方式进行具体的介绍。

1. 科技博客

科技博客是发展比较早的一类新媒体的代表，它属于众多博客中一个比较强大的分支，博客的文章大多是由一些从业者或者行业的专家凭兴趣进行撰写的。因此，科技博客里的文章最大特点是以业余的形式展现专业的知识。

2. 手机媒体

在如今这个新科技时代，手机早已不只是一个用来通信的工具，它也是人们认识世界、了解世界、发现世界的新通道，被称"第五媒介"。一般来说，手机除了用来与他人联系，还可以订阅手机报、书刊和杂志等。其中电子版的书稿也成为人们获取知识的重要来源之一。

也许还有很多人会认为手机报、电子书刊、杂志早已过时了，但是也不能完全否定它们仍存在着潜在的消费市场。

3. IPTV

IPTV 指的是一种交互网络电视，它是互联网和传统电视的结合。它不再是以固有的传者与受众的定位来进行传播，而更偏重于两者之间的互动，以实现共享和移动。中国移动、中国联通和中国电信都在不断努力打造新型的 IPTV，以获取更多的竞争优势。

4. 数字电视

数字电视是新媒体的重要代表之一。随着数字电视用户的不断增加，数字电视的产业链也在不断地完善与发展。

如今，虽然年轻人更偏向于网络平台，但是对中老年人来说，他们还是更偏向于看电视。因此，商家在销售数字电视时也应该尝试推广老年人市场。

5. 移动电视

作为一种新兴的媒体形态，移动电视不仅覆盖面广，而且移动性强，"强迫收视"是其最大的特点。受众可以借助移动电视欣赏相关的娱乐节目和其他信息。

6. 微博

微博是一种新兴媒体形态，它通过一对多的互动交流方式，以及快速广泛传播的特性，为企业带来了良好的推广平台。图 6-1 所示为新浪微博的页面。

图 6-1　新浪微博的页面

7. 微信

微信作为一款社交应用软件，远远超越了社交媒体交流平台的定义。从免费的短信聊天功能，到最火热的语音交流体验，再到"摇一摇""扫一扫""看一看""搜一搜"和"附近"等功能，以及微信公众号、小程序、视频号和直播功能的推出，微信为广大用户创造了更多的信息传播渠道，给用户带来了全方位、高品质的服务体验。图 6-2 所示为微信的部分功能界面。

图6-2　微信的部分功能界面

6.1.2　新媒体电商营销的特性

新媒体电商营销多偏向于自媒体方面的运营，从现在主要的新媒体营销表现形式来看，新媒体营销具有以下几个特性。

（1）体验性。改变了传统媒体"传者单向发布、受众被动接受"的状态，使每个受众既是信息的接收者，又扮演着传播者的角色，还摆脱了固定场所的限制，提高了消费者的参与体验，达到更好的传播效果。

（2）沟通性。新媒体的信息传播速度相比传统媒体来说会更加迅速，消费者可以实时接收信息，并且作出相应的反馈，能让消费者的互动性更强。

（3）差异性。与传统媒体营销方式有着很大的差别，在进行内容传播时，可以做到将文字、图片、视频等同时进行传播，不仅增加了传播内容的信息量，也在一定程度上扩大了传播内容的深度和广度。

（4）创造性。创造可能的舆论热点，超越传统媒体的信息竞争。

（5）关联性。更注重"关系"与"情感"，影响是"深度卷入"，而不是"生拉硬拽"，使广告产生真正的影响力。

6.2　新媒体电商常用的运营平台

"互联网＋"时代，各种新媒体平台将内容创业带入高潮，再加上移动社交平台的发展，为新媒体运营带来了全新的粉丝经济模式，一个个拥有大量粉丝的人物IP由此诞生，成了新时代的商业趋势。本节笔者将为大家介绍新媒体电商常用的运营平台。

6.2.1 今日头条（头条号）

今日头条媒体平台又称"头条号"，是由字节跳动推出的一个媒体／自媒体平台，可以帮助个人创业者、各种企业及机构等对象扩大自身影响力，增加曝光度。图 6-3 所示为今日头条官网页面。

图 6-3　今日头条官网页面

今日头条还推出了手机 App，是一款用户量超过 7 亿的新闻阅读客户端。据统计，在今日头条移动端上，人均每日启动超过 9 次、人均使用时长 76 分钟，其精准推送模式让用户不必再受其他繁杂冗长的信息困扰。

在今日头条 App 上，用户可以阅读到最权威、最及时的新闻资讯，更有超过 200 万名创作者和媒体发文，平台每日聚集了 400 位工程师对数据算法进行优化，5 秒钟就算出用户的兴趣话题和内容，然后为用户推送和量身定制专业资讯。

但是，在申请头条号的账号时，需要注意一些细节：必须提供真实的原创内容的链接；文章内容最好采用软文形式来撰写；必须按照系统的要求上传清晰的证件照片，尤其是手持身份证照片必须清晰。

6.2.2 一点资讯（一点号）

一点资讯自媒体平台又称"一点号"，是由一点资讯推出的一个内容发布平台，个人媒体、机构媒体、政府政务组织、企业以及其他组织等都可以申请注册。图 6-4 所示为一点资讯平台主页。

当你申请到一点号账号后，就可以通过一点资讯平台为用户提供精准的资讯内容了。一点资讯的 App 还首创了"兴趣引擎"模式，以用户兴趣为引导来推送各种资讯，同时结合了个性化推荐和搜索技术，成为移动互联网时代高效、精准的内容发布平台。一点资讯 App 通过掌握并分析不同用户的兴趣，然后根据用户的主动订阅行为来加强对用户兴趣的解读，并在这些兴趣之间建立一种连接关系，主动为用户推荐他们感兴趣、想看的内容。

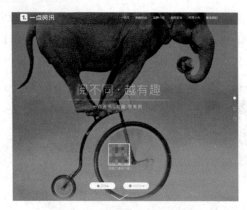

图6-4　一点资讯平台主页

一点资讯通过丰富的内容再加上独特的"兴趣引擎"，以及移动互联网技术极大地提升了用户体验。这对于互联网创业者来说，也为他们带来了更多用户群体，可以帮助优秀的自媒体人更快地找到与自己匹配的粉丝。

6.2.3　百度自媒体平台（百家号）

百家号是百度针对互联网内容创业者开发的一个新媒体平台，囊括了来自互联网、时政、体育以及人文等多个领域的自媒体人，其主页如图 6-5 所示。

图6-5　百家号主页

对于互联网内容创作者，百家号专门开辟了一个"作家"频道，目前包括互联网、高管、文化、娱乐、体育以及财经等内容类型。另外，百度百家号还引用了"百家争鸣"的说法，经常会以"辩论"的形式开展一些热门话题的讨论，从而吸引用户关注与参与。百度百家号通过百度联盟的商业模式，让互联网内容与企业广告实现良性的交互转换，无缝对接内容创作者、读者以及他们之间的传播者。

但是，百度百家号不接受普通用户的投稿，只有注册用户才能在该平台上发布文章。用户可以注册百家号账号来实现内容发布、内容变现和粉丝管理等操作。用户需要根据自己的真实情况填写相关信息，完成后提交，然后等待系统审核即可。当系统审核通过后，会通过用户注册时填写的手机号码或者邮箱号码发送审核结果的通知。

6.2.4　网易新闻（网易号）

网易的影响力是不容小觑的，内容创作者在申请网易的新媒体账号时，必须使用网易邮箱进行申请。图 6-6 所示为网易号主页面，自媒体人可以在此注册并登录"网易号"，其发布的文章可以出现在网易新闻 App 中。

图 6-6　网易号主页

网易号平台的内容发布形式有两种：一是手动发布；二是快捷地抓取、发布。"网易号"没有单独 App，而是在网易新闻 App 中添加了一个栏目，如图 6-7 所示。

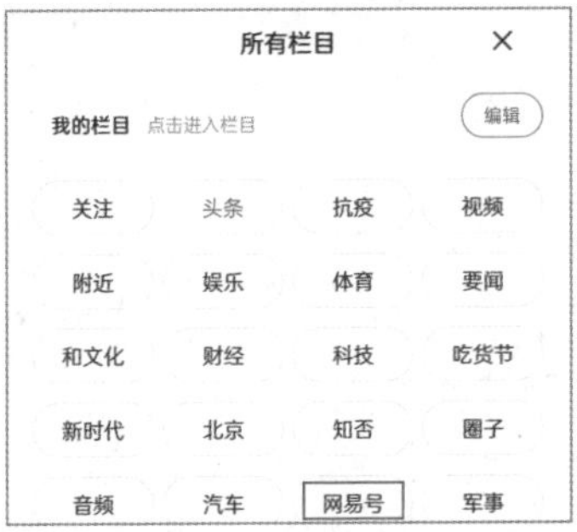

图 6-7　网易新闻 App 中的"网易号"栏目

网易新闻以"有态度"作为自己的宣传口号，并且通过流畅的用户体验、及时的新闻内容以及犀利的评论等内容受到用户的青睐。网易号的到来，让互联网内容创业者看到新的亮点，如高效分发、原创保护、现金补贴、品牌助推等诸多功能，成为一个值得入驻的新媒体平台。

6.2.5　知乎平台

知乎平台是一个社会化问答社区类型的平台，真实的网络问答社区，帮助用户寻找答案和分享知识。目前拥有 PC、手机两个客户端，月访问量上亿。知乎平台的口号是："有问题，就会有答案"。

用户要注册、登录之后才能够进入知乎平台首页，而且在注册时还需要输入自己的职业或专业。用户在输入这些信息之后，会出现一个需要选择感兴趣话题的页面，对于这里的选择用户可选也可不选。

图 6-8 所示为知乎平台的首页。需要注意的是，平台首页上显示的内容是根据用户选择的感兴趣的话题推送。如果运营者是使用公司或商家的知乎账号，那回答必须具有知识性和一定的含金量，要能够引起读者的注意。回答的字数最好在 120 字以内，或半个页面的长度，太长的文章容易让读者失去兴趣。

图 6-8　知乎平台的首页

6.2.6　抖音

抖音是由字节跳动公司于 2016 年精心打造的社交媒体应用软件，凭借其独特的短视频创作功能，迅速吸引了大量用户。随着时间的推移，抖音在 2018 年进行了战略转型，不再仅仅满足于社交领域，而是大胆涉足电商领域，推出了一项创新的电商功能——购物车链接。创作者们可以利用这一功能，在视频中添加商品链接，引导观众直接进入第三方商店进行购买。这一创新举措为用户提供了一种全新的购物体验，使抖音成为一个集社交、创作与购物于一体的综合性平台。

与此同时，抖音还推出了原生电商系统——抖音商城，如图 6-9 所示。这一系统的出现，标志着抖音在电商领域的布局愈发完善。通过抖音商城，用户可以在平台内直接购买商品，无须跳转到其他外部平台，这种便捷的购物体验进一步提升了抖音在电商领域的竞争力。

抖音电商的成功并非偶然，它凭借着强大的用户基础和先进的算法技术，为用户提供了一种基于兴趣的电商服务。这种服务通过深入分析用户数据，精准推送符合其兴趣和需求的商品。不仅提升了用户的购物体验，也使抖音在电商领域的竞争中脱颖而出。

图 6-9　抖音商城

6.2.7　小红书

小红书自 2013 年诞生以来，从一个分享旅游和生活技巧的平台，逐步发展成为知名的电子商务平台。它吸引了大量的"千禧一代"和"Z 世代"用户，其中女性用户占据了三分之二以上。

小红书的电商服务以内容为驱动，用户在平台上创作和分享关于产品、品牌和生活方式的内容，如图 6-10 所示。小红书注重用户主导，许多产品评价和推荐来自其活跃的用户社群，这为消费者建立起更加强烈的信任感。用户可以在小红书上与朋友分享购物体验、产品评价，关注网红和名人，并直接购买商品。

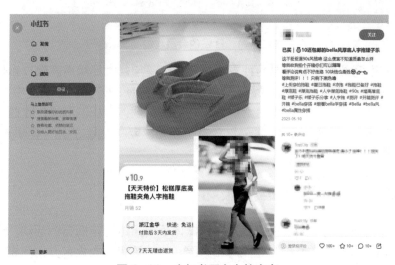

图 6-10　小红书平台上的内容

小红书拥有庞大的用户群，他们是对高品质产品和海外品牌感兴趣的消费者。这个平台不仅提供了丰富的购物选择，还为用户创造了一种社交和互动的体验，使购物过程更加有趣和个性化。

6.2.8　B 站

B 站（一般指哔哩哔哩，英文名称为 bilibili）作为一个知名的视频分享平台，自 2009 年成立以来，已经从一个动画、漫画、游戏内容为主的社区，发展成为了一个多元化的内容生态。随着用户基数的不断扩大和用户需求的多样化，B 站也在电商领域进行了积极的探索和布局。图 6-11 所示为 B 站的会员购物商城。

图 6-11　B 站的会员购物商城

B 站的电商业务主要通过两种方式展开：一是与各大品牌商家建立合作伙伴关系，为用户提供丰富多样的商品选择，通过平台分成的方式，B 站从中获得收益；二是自营电商业务，B 站在平台上销售自有品牌和获得授权的商品，收益主要来源于商品的销售价格。通过这两种方式，B 站不断完善电商业务，为用户提供更加便捷、优质的购物体验。

6.3　新媒体电商的运营技巧

新媒体电商运营，通俗来讲就是在新媒体平台上进行电商营销活动，通过各种各样的策划、运营方式推广企业品牌和产品。本节笔者将为大家介绍新媒体电商的运营技巧，帮助大家更好地开展工作。

6.3.1　内容运营

在新媒体电商迅速发展的当下，各行各业也开始纷纷利用新媒体的平台来提升自身的行业竞争力。但在新媒体电商运营之前，运营者应明确自己的主题内容，并利用好营销内容中的标题、正文、关键词，做好内容运营的优化，从而促进品牌推广和产品销售。

1. 标题设计

标题决定着新媒体内容 80% 的浏览量，好的标题能第一时间抓住用户的注意力。而针对不同的新媒体产品、类型或服务，标题的选取是不一样的。下面，我们来了解新媒体运营中标题写作和取名的一些技巧。

1）专业式标题

专业式标题是指在标题中嵌入某个方面的专业性词语，让内容看起来更加专业，从而传递专业价值，如图 6-12 所示。

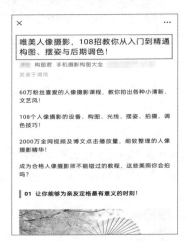

图 6-12　专业式标题示例

专业式标题能够吸引那些跟专业名词相关的读者，从而达到精准吸粉的目的，这样获得的读者群能够为新媒体运营者创造更大的价值，而且这种粉丝的追随度会比其他的粉丝更高。但是，这种专业式的标题相对于其他类型的标题来说，关注度会偏低一点。因为其专业性使得其受众范围变小了，但对新媒体运营者来说也并不是一件坏事，宁缺毋滥就是对这种现象最好的解释。

2）趣味式标题

趣味式的标题是指在标题中使用一些有趣、有特点的词语，让整个标题给人的感觉是轻松、欢快的。这种充满趣味式的标题会给读者营造一个愉悦的阅读氛围，因此就算内容是产品宣传的广告，也不会让读者很反感。图 6-13 所示为趣味式标题示例。

3）速成式标题

速成式标题是指给读者传递一种只要阅读了本篇内容，就可以掌握某些技巧或者知识，让自己可以学有所成，如图 6-14 所示。

图 6-13　趣味式标题示例

图 6-14　速成式标题示例

4）悬念式标题

悬念式标题是指将内容中最能够引起读者注意的内容，先在标题中做个铺垫，在读者心中埋下疑问，引起读者深思，从而吸引读者去阅读内容。

悬念式标题的主要目的是增加内容的可读性，因此一定要确保里面的内容确实是能够让读者感到惊奇、有悬念的，不然就会引起读者的失望与不满，从而让读者对内容产生怀疑，这样会影响新媒体平台在读者心中的美誉度。

5）福利式标题

福利式的标题是指在内容标题上向读者传递一种阅读这篇内容你就赚到了的感觉，让读者自然而然地想要去阅读内容。福利式标题有直接表达和含蓄表达两种取名技巧。

（1）直接表达：在内容标题上直接写有"福利"二字，让读者一看就知道内容里具有福利。

（2）含蓄表达：通过与福利一词具有一样表达意思的其他词语，传递内容里具有的福利。

6）数字式标题

数字式标题，指在标题中放上具体的数据。一般来说，数字能与人们产生心灵的碰撞，很容易让人产生惊讶之感，人们一般都会通过数字，想要得知数字背后的内容。图 6-15 所示为数字式标题示例。

7）借势式标题

借势是一种常用的内容写作手法，一般都是在内容标题上借助社会上的一些时事热点、新闻的相关词汇来给内容造势，增加点击量。例如，在电影《捉妖记》热映之际，配合电影宣传的"胡巴公仔"刚推出便火爆热销。

时事热点拥有一大批关注者，而且传播的范围也非常广。标题内容借助这些热点就可以让读者轻易地搜索到该篇文章，从而吸引读者去阅读。如果企业所写的营销主题和名人能搭上关系的话，就能借名人的势，进行一场明星效应风暴。

但是，新媒体运营者在采用借势式标题的时候需要注意热点的时效性，要在人们在热点产生的早期或者关注度最高的时候将其加入自己的标题内容中，这样才能达到最好的借势效果，不要等到热点的关注度过去了再推送这种借势式标题的内容，这样收获的效果不佳。

8）经验式标题

在生活中经验式标题特别受读者喜爱，因为读者会带有目的性，去阅读内容，想在内容中汲取某一方面的经验和总结，以提高自身能力。这种类型的内容标题对内容编辑者逻辑性要求很高，通过对大量内容的阅读对比给读者一个眼前一亮的结果，简洁而明了，读过之后可以少走很多弯路。

但需要注意的是，经验式标题下的内容，需要具有一定的权威性以及学术性，或者至少经验性较强，切忌出现大量的抄袭，或者是出现在外面随便就能找到的内容。

9）率先获知的独家式标题

从大众的心理而言，独家式标题所代表的内容一般会给人一种自己率先获知、别人所没有的感觉，在这种情况下，好为人师和想要炫耀的心理驱使，能够让读者自然而然地去转发，成为新媒体潜在的传播源和发散地。这一类标题往往以"独家""内部指南"以及"探秘"等字样作为吸睛点，字样如图 6-16 所示。

图 6-15　数字式标题示例

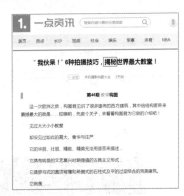

图 6-16　独家式标题

10）发人深省的警告式标题

警告式标题是一种有力量且严肃的标题，也就是用标题给人以警醒作用。警告式标题通常从事物特征、功能和作用入手，用发人深省的内容、严肃深沉的语调带给读者以强烈的心理暗示，尤其是警告式的新闻标题，常常因提醒、警示、震慑等一些作用被很多新媒体运营者所追捧和模仿。

2. 正文撰写

在营销写作和布局过程中，新媒体电商平台的运营者要想让内容能够决胜千里，吸引众多的粉丝，就需要掌握一些技巧。下面笔者为大家介绍一些能让新媒体营销内容决胜的撰写技巧。

1）充分体现个性风格

常言道，"文如其人"，指的就是作者的内容体现出其性格和文化修养等方面的典型特征，这句话也从侧面证实了作者笔下的内容是有个性的。而新媒体平台上的营销写作和推送的过程，则需要把这种个性特征无限放大，清晰地展现在读者面前，让营销内容具有高辨识度。

另外，就新媒体平台的内容感召力方面而言，基于同类人之间的人格感召力，个性风格是吸引具有相同性格特征的人的重要力量。比如，对生活充满自信和希望的人总是乐于与乐观的人相处，而难以适应与时刻伤春悲秋的人进行交谈。

图6-17所示为充分体现个性风格的营销正文，它充分体现出了摄影师独特的个性风格，让读者很容易就能够感受出来。

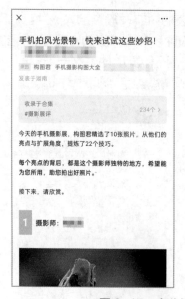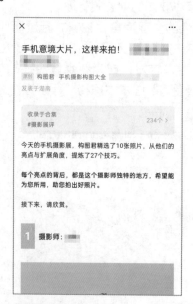

图6-17 充分体现个性风格的内容

当然，在体现个性风格时，也需要注意两个方面的问题，才能在写作时游刃有余，吸引更多粉丝注意和关注。图6-18所示为体现个性风格的具体注意事项。

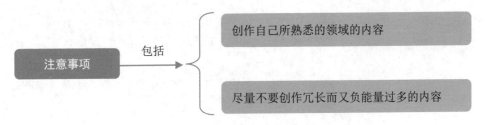

图6-18 体现个性风格的具体注意事项

2）具有阅读的场景感

营销的内容并不只是用文字堆砌起来就完事了，而是需要用朴实、优美的文字创作出成一篇带有画面感的内容，让读者能边读文字，边想象出一个与生活息息相关的场景，激发用户的自我想象力，并通过对商品的引导，在潜意识层面刺激用户的购买欲望，从而实现新媒体电商的广告营销目的。

3）有价值的干货技巧

对于新媒体电商来说，它之所以受到用户的关注，就是因为用户从该平台上可以获取他想要的信息，这些信息是具有价值的干货内容，而人云亦云、胡乱编写的内容带给用户的只能是厌烦的情绪。

通过新媒体平台推送的干货内容，用户能够学到一些具有实用性、技巧性的生活常识和操作技巧，从而帮助用户解决平时遇到的一些疑问和难题，基于这一点，也决定了新媒体电商在运营方面必须是专业的，其内容必须是接地气的，给用户带来的是实实在在的经验积累。

4）充分吊起用户胃口

新媒体运营者一定要提前对运营内容进行预告，这就像每部电影的宣传片一样，通过提前预告的方式吊起用户的胃口，让用户产生一定的期待。提前预告无须成本，是一种非常有效的推广运营方式。

下面笔者为大家介绍一下内容提前预告的注意事项，如图6-19所示。

5）烘托氛围提升影响力

不管是假期节日事件还是实时热点事件，都可以对运营者的营销产生不小的影响。因此，运营者要利用好这些事件来进行新媒体的营销。

（1）假期节日事件。

对人们来说，节假日一直是人们比较期盼的，因为无论是从哪方面来说，它们都是有利的一方面。于工作而言，节假日意味着"休息"和"放假"；于生活而言，节假日意味着"团聚"和"休闲娱乐"。

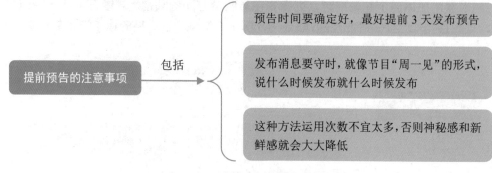

图6-19　内容提前预告的注意事项

（2）实时热点事件。

可以借助热门头条事件来布局，围绕热门话题、热点新闻、热点事件，以评论、追踪观察、揭秘、观点整理等方式来运营新媒体。在利用热门头条进行事件运营时，可以从以下方面着手，如图6-20所示。

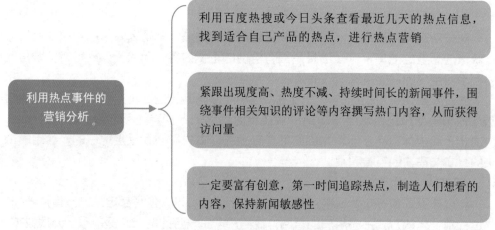

图6-20　追踪新闻热点运营新媒体

3. 关键词设置

对于新媒体平台的运营者来说，没有质量、没有效率的曝光率自然得不到关注。那么，如何让商家的曝光率得到更精准的客户呢？如果产品的品牌影响力还没有达到深入人心的程度，那么商家可以从产品关键词的设置上入手，通过合理的关键词设置来获得曝光率。

1）使用百度指数寻找关键词

《劝学》一文中提到："君子生非异也，善假于物也。"当我们要对某个关键词进行研究的时候，也需要学会巧妙借助百度指数工具，从图上分析关键词的各项指标，诸如"趋势研究""需求图谱""资讯关注"以及"人群画像"等。如此才能使得新媒体内容的排名更加靠前，阅读量不断上涨。

百度指数是以百度海量网民行为数据为基础的数据分享平台，用户不仅可以通过这个平台研究关键词搜索趋势、洞察网民需求变化、监测媒体舆情趋势、定位数字消费者特征，还可以从行业的角度出发分析市场特点。

虽然百度指数是对百度搜索进行的关键词统计，从一定程度上来说，网络用户的网站搜索趋势可以代表移动端搜索的趋势，而百度又是人们已经习惯的搜索网站。因此，我们要多多关注百度指数的关键词动态。

那么，使用百度指数究竟有哪些好处呢？或者说，百度指数作为研究关键词的工具，有何过人之处呢？笔者将其主要优势总结为如下几点。

（1）众多企业营销决策的重要依据。

（2）表达直接，契合广大网民的需求。

（3）资源丰富，提供海量数据，任意搜索。

百度指数的功能包罗万象，为用户提供了诸多便利，具体的功能如图6-21所示。

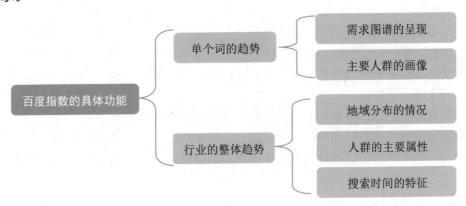

图6-21 百度指数的具体功能

2）确定和扩展更多关键词

了解了关键词的大致方向之后，新媒体运营者需要对关键词进行确定和扩展。

（1）选择关键词。

关键词是描述品牌、产品、网站或服务的词语，选择适当的关键词是增加被搜索率的第一步。选择关键词的一个重要技巧是选取那些人们在搜索行业或产品时经常用到的关键词。

（2）理解关键词。

在你搜集所需的关键词之前，明白一般人是怎样使用关键词是十分重要的。人们在搜索的时候一般不会使用单个词，而是会使用短语或者词组。

（3）处理关键词。

到达这一步，推广者已经搜集了很多与网站或产品有关的关键词了。接下来的工作就是把搜集到的关键词进行组合，把它们组成常用的词组或短语。很多人在搜索的时候会使用两个或三个字组成词，并且不会把普通的、单个字作为关键词。

（4）舍弃关键词。

推广者还要敢于舍弃那些客户搜索时很少用到的关键词，主要包括以下几种。

- 在英文里，搜索引擎的大小写是没有区别的。
- 拼写错误的关键词是没用的，但是找到一个经常出现拼写错误的词可以额外地提高你的访问量。
- 去除那些停用的词。
- 没有人会用"最好的""疯狂的"等词语进行搜索。如果推广网站里有类似的词，最好去除。

（5）最佳关键词。

如果按照上述所说，推广者一定列出了一大堆的关键词，然后要做的就是通过长期的观察和分析，去除一些没人使用的或较少使用的，剩下的就是长期推广可以使用的关键词了。

（6）关键词密度。

搜索引擎会利用自身的算法来统计页面中每个字的重要程度，因此为了更好地被搜索到，你的关键词必须在页面中出现若干次，并且是在搜索引擎允许的范围内。

（7）突出关键词。

在有价值的地方放置关键词，当推广者统计完页面需要多少个关键词后，接下来就要考虑把关键词放在网页的什么地方。搜索引擎将会专注于你网页中某一部分的内容，处于这一关注部分的词语显得比其他部分的词语要重要得多，这就是所谓的"突出关键词"。

（8）使用关键词工具。

通过谷歌关键词工具或者百度指数，当我们在查询一个关键词的时候就会列出几十个相关的关键词，而当我们将其中任意一个相关关键词重新查询的时候，我们就又可以得到另外几十个相关的关键词。如此一来，我们便可以不断拓展出新的关键词了。

（9）使用相关搜索引擎。

当我们在谷歌或者百度的搜索框输入核心关键词的时候，搜索框就会自动显示出与此关键词相关的一些其他词汇。我们可以通过这样的方式找到搜索量最多的关键词，以此来确定我们的关键词。同时，也可以通过搜索结果页面的最下面看到搜索引擎给出的相关搜索。

（10）其他扩展工具。

我们还可以使用其他的关键词扩展工具，来确定我们的关键词，如追词助手、飞达鲁等工具。

（11）其他关键词变体。

使用其他各种的关键词变体，来对关键词进行各种变化，主要的类型有同义词变体、简写变体、相关词变体。

（12）使用形容词修饰。

在核心关键词的前面加入形容词，用来扩展关键词。

（13）网站流量分析。

通过查看自己网站的流量，了解到用户是通过什么方式、什么关键词访问的网站，然后把这些关键词输入到谷歌关键词工具或者百度指数中去，形成更多关键词。

3）找出吸引用户的关键词

什么样的关键词能够吸引读者呢？生活总是无聊、八卦的，新媒体运营者可以利用八卦新闻、故事、心得来吸引读者的注意。

（1）利用八卦新闻。

这类内容虽然比较容易吸引广大的网民，但最近几年来由于使用过度变得非常庸俗。而且，明星大多数的新闻都是负面的，用得不好还会带来不利的影响。所以，我们在使用的时候一定要注意看准方向。

（2）故事吸引阅读。

这种类型的营销内容必须由高手来撰写，不然的话很容易偏题，过分地注重故事的讲述，反而忽略了内容关键词的引导。

好的故事散文型内容应该紧紧围绕关键词本身来撰写，也就是为了这个关键词特别讲述的一个故事。而且，脑海里时时刻刻都要有关键词的概念，任何一句话或者包袱的铺垫最后都要归结到关键词上。

（3）插入心得体会。

心得体会是现代内容创作中最常使用的类型，也就是通过一些体验或者感受作为切入点，主要是通过激发起读者的情感共鸣来寻找彼此心灵上的融合点。

6.3.2　用户的运营

在新媒体电商不断发展的当下，粉丝经济迅速崛起。为了引导更多的人，吸引更多人的关注，创造更多的价值，企业或商家纷纷争当意见领袖。然而，怎样拉新引流，用户留存又该如何具体进行，成为极具挑战性的问题。下面笔者主要向读者介绍新媒体电商运营的第二个核心要点，那就是用户的运营。

1. 用户拉新

在这个"粉丝经济"时代，顾客慢慢变成了企业的粉丝，企业的发展方向也逐渐转变成了"以用户为中心"。正如谷歌公司的座右铭一样"以粉丝为中心，其他一切纷至沓来，粉丝的世界，一定要让粉丝做主。"因此，做新媒体电商运营，一定要有自己的粉丝，才可以实现持续发展，才能更具活力。

1）利用工具拉新引流

古语有云："韩信点兵，多多益善。"拉新引流也是一样，即使入驻了亿级平台拉新引流的工作还远远不够，广阔的互联网世界还有许多可以被新媒体电商运营者用做拉新引流的工具。

如今的互联网平台越来越注重交互功能，所有平台都会有最基本的留言功能，大型的平台还会有更多方便信息交互的功能和小工具，运营者要充分利用好这些工具，为拉新引流服务。例如，对于"@"大家应该都不陌生，自 2009 年 9 月25 日新浪微博官方博客发表博文《@ 功能上线，微博上交流更方便》后，中国的"微博 @ 时代"诞生了。"@"谐音"艾特"，是用来提醒他人查看自己所发布消息的工具。

"@"在拉新引流中可以操作的方式如下。

（1）微博引流是一种将信息以裂变的方式传播出去的平台，那么在这样一个平台上，利用 @ 工具进行主动引流也是个不错的方式。在微博上利用 @ 工具进行主动引流，主要是主动 @ 微博的大 V 或者其他精准的账号。

（2）QQ 空间 @ 好友提醒好友查看说说，发表日志时使用"通知好友"将日志信息推送给好友，使用"通知好友"最多可以通知 30 个好友。

2）利用今日头条推文导粉

头条广告和非头条广告的盈利多少是和平台的粉丝量挂钩的，平台粉丝量越多，广告的收入就越高，因此，吸粉引流成为平台运营者需要重点考虑的问题。下面以今日头条平台为例，为大家介绍如何开展推文导粉的实战操作。

进入今日头条的后台之后，运营者就可以在后台编写要推送的软文文章了。软文文章的推送主要包括标题、字体格式、图片、封面和预览等内容，具体如图 6-22 所示。

运营者如果想在今日头条平台上推文导粉的效果更佳，那么就需要做好一系列相关数据的分析，并进行推文的经验总结，以此找出更好、更适合的推文方案，为自己引入更多的流量与粉丝。分析文章阅读数据可以分为以下 4 个步骤。

（1）分析数据概况：了解不同时间段中文章大体情况。

（2）分析数据详情：了解文章具体阅读情况，分析文章。

（3）分析头条指数：了解文章的被推荐概率和次数。

（4）用户分析：了解用户属性、兴趣等内容。

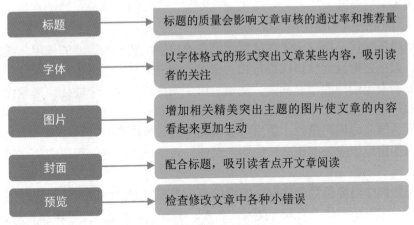

标题	→	标题的质量会影响文章审核的通过率和推荐量
字体	→	以字体格式的形式突出文章某些内容，吸引读者的关注
图片	→	增加相关精美突出主题的图片使文章的内容看起来更加生动
封面	→	配合标题，吸引读者点开文章阅读
预览	→	检查修改文章中各种小错误

图 6-22　头条号软文推送的具体内容

3）通过大号互推活动吸粉

通过大号互推的方法，即拥有大量粉丝的新媒体账号之间进行互推，可以达到共赢的目的。相信大家在很多的微信公众号中，曾见到过某一个公众号会专门写一篇文章给一个或者几个微信公众号进行推广的情况，这种推广就算得上是公众号互推。这两个或者多个公众号的运营者可能是互相认识的朋友，他们甚至会约定好有偿或者无偿给对方进行公众号推广。

运营者在采用互推吸粉引流的时候，需要注意的是，找的互推平台类型尽量不要跟自己的平台是一个类型的，因为这样运营者之间会存在一定的竞争关系。两个互推的账号之间尽量存在内容互补性，这样获得的粉丝才是有价值的。

大号互推是一种快速涨粉的方法，它能够帮助运营者的新媒体账号在短时间内获得大量的粉丝，且效果十分有效。

4）网络大赛设置奖品吸粉

网络大赛是一种十分不错的吸粉拉新手段，运营者可以通过在新媒体电商平台上举办一个网络比赛活动来吸粉拉新。活动的类型可以是多样的，比赛主办方会根据活动的情况设置一定的奖品，参赛者要在公众平台或者其他的网络上报名，由网友提供投票，选出最终的获胜者。

新媒体运营者在进行网络大赛活动内容设计的时候，不仅要将活动的内容详细充分地考虑到位，如活动征稿的具体要求、投票的方式等，还要将活动的亮点体现出来，如奖品设置的内容，这样才能更好地吸引用户参与。

2. 用户留存

接下来，笔者将对新媒体电商运营中的用户留存环节，从数据分析和实际应对两个方面对用户留存问题做深入详细的讲解，其中提供了许多经验都十分值得新媒体运营新人学习参考。

1）了解用户并构建用户画像

粉丝经济时代，用户画像在任何领域中都能够起到非常重要的作用，通过对用户调研、数据分析及问卷访谈等方式，将用户的一些基本信息和行为属性综合起来分析，然后得出用户的精准画像，使用户这个角色具体化、个性化、形象化，帮助运营者针对用户的属性特点，找出最好的运营方式。

用户画像又称用户角色，是新媒体电商用来分析用户行为、动机、个人喜好的一种工具，用户画像能够更加聚焦用户群体，对目标用户群体拥有更精准的了解和分析。

对于新媒体电商运营者来说，如果没有一个精准的目标客户群，那么用户画像将很模糊，比如既囊括了男人、女人、老人、小孩，又囊括了文艺青年、八卦青年，这样运营者很难做到精准营销。

那么，应该如何构建用户画像呢？主要有如下几大步骤。

（1）搜集数据和准备工作：确定平台用户类型，设计数据分析方案和提纲。

（2）制作亲和图：把在各平台搜集到的相关资料，按其相近性进行归纳整理。

（3）人物原型框架：将亲和图中用户的重要特征描绘出来，形成用户画像的框架。

（4）优先级排序：新媒体运营者可以按产品、市场等进行用户画像的优先级排序工作。

（5）完善画像：将得到的相关数据进行用户画像的汇总及完善。

2）留下平台的精准核心客户

在互联网时代，谁拥有更多的粉丝量，谁就能更快地取得商机，获取盈利。但是，仅仅拥有一定的粉丝数量还是不够的，还要了解粉丝的兴趣喜好，通过一系列的后台数据构建用户画像，才能为新媒体电商的运营提供更多的决策依据，帮助运营者的决策实现率更高、成本更低的效果。

而一个好的决策依据，能够促进用户的增长，实现吸粉的效应。因此，构建用户画像、制定更好的决策、实现增粉是一个良性的生态循环。

例如，在经营微信公众号的过程中，如果微信管理者想要知道用户的性别类型，可以在后台进入"用户分析"页面，然后单击"用户属性"按钮，进入"用户属性"页面，就能查看到用户的性别分布情况，如图 6-23 所示。把鼠标指针放在分布图上，则能看到详细的数据，从图 6-23 中可以看出，"手机摄影构图大全"的男性用户比女性用户稍微多一点点，运营者就要根据数据的分析来判断这样的比例是否和目标用户群体相匹配。

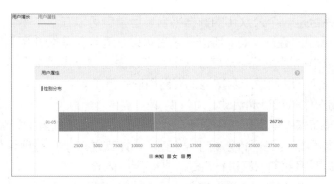

图 6-23　用户的性别分布情况

3）掌握需求提高客户留存率

什么是需求分析？需求分析就是企业在创建一个新产品时，为该产品设定业务动机和业务目标所做的一系列工作。

例如，新榜平台在用户需求分析这一块，可能可以用于研究的数据不是特别多，但经笔者研究，还是可以在平台上找到一些用来探讨用户对知识点、热点、社会新闻、创业金融等知识的需求点。下面笔者以微信公众平台"十点读书"为例，为大家讲解新榜平台是如何挖掘用户需求的。

进入平台的后台，在"排行"功能栏下能看到一个栏目——"7 天热门"，这个栏目是新榜根据微信公众平台的文字阅读量和点赞人数，统计出来的关于热门文章排行的栏目。图 6-24 所示为微信公众平台"十点读书"的"7 天热门"文章罗列情况。

从图 6-24 中可以看出，微信公众平台"十点读书"的热门文章，阅读量都达到 10 万以上了，同时点赞数也非常高，而从排名靠前的这两篇文章中可以看出，第一篇文章的点赞数比第二篇文章的点赞数多了将近一万人次，说明第一篇文章受欢迎的程度更高。由此，运营者可以得知，第一篇文章的内容比第二篇更让读者喜欢，也可能读者对于这类信息的兴趣会更大。

除了"7 天热门"文章之外，在"广告价值"功能栏中，可以查看平台的热词信息。图 6-25 所示为微信公众平台"十点读书"的热词内容。

图 6-21　微信公众平台"十点读书"的
　　　　　"7 天热门"文章罗列情况

图 6-25　微信公众平台"十点读书"的
　　　　　热词内容

因为新榜平台是一个公众化的数据平台，运营者可以在这个平台上看到前500名的微信公众平台的相关数据，所以运营者可以从同类微信公众平台的数据中发现一些规律，如读书或情感类的微信公众平台可以通过"十点读书"或其他平台的热词，找出一些规律，以便更深层次地挖掘出用户的需求。

4）加强用户体验和互动活动

用户维护是新媒体电商运营中必不可少的一环，如果不能维护好吸引来的粉丝，那吸粉拉新做得再好也是"竹篮打水一场空"。尤其是对于那些评论你文章内容的用户来说，一定要跟他们积极进行互动，加强用户体验。

新媒体平台中的内容有人看，自然也会有人评论留言，而且每个人思考问题的角度都不一样，对于同一问题的看法和立场也不尽相同。运营者应该去回复这些有自己看法和立场的评论留言，其实回复留言的过程也是与网友互动交流的过程。虽然回复留言比不上彻夜长谈那种详细交流，但是起码能够知道去评论留言的那部分人还是对内容很感兴趣的，并且有的时候还能提出一些富有创新性的意见。

运营者在编辑图文消息的时候要注意检查留言功能是否开启，如果没有开启，网友是不能评论留言的。其实，巧妙回复网友文章评论留言，这也是一种宣传推广的方式，通过与网友之间回复留言的互动，就是自己的新媒体账号进行宣传推广。

比如，有网友评论留言说你的哪些东西做得好或者写得好，运营者则可以回复一些赞美、支持和鼓励的语句。图6-26所示为微信公众号"手机摄影构图大全"运营者回复网友评论留言的示例。

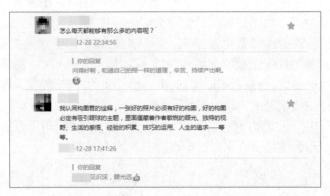

图6-26 微信公众号"手机摄影构图大全"运营者回复网友评论留言的示例

运营者在回复网友评论留言的时候要根据不同的留言回复不一样的内容，语言风格方面要尽量活跃、风趣一点。

第7章

小程序电商：抢占电商新赛道

学前提示

　　小程序电商是基于小程序为载体而开展的各种电子商务，主要代表平台有微信和抖音等。

　　本章笔者将为大家讲解小程序电商的相关内容，以及微信小程序和抖音小程序的运营技巧，来帮助大家更好地了解小程序电商。

要点展示

➢ 全方面了解小程序电商
➢ 微信小程序的运营技巧
➢ 抖音小程序的运营技巧

7.1　全方面了解小程序电商

　　小程序是一种不需要下载安装即可使用的应用，非常方便，而且成本低，因此许多商家和企业都纷纷开设自己的小程序。跟随商家和企业进入专属小程序中的用户一般都是该品牌的忠实粉丝，所以在小程序中进行流量变现是非常有前景的。

　　本节笔者将为大家讲解小程序电商的主要优点和运营技巧，帮助大家更好地了解小程序电商。

7.1.1　主要优点

　　流量是变现的基础，如果一个平台没有足够的流量，那其变现能力也将变得十分有限。小程序有着广泛的流量入口，可以说，只要运营者用好了这些入口，便能将流量汇聚成江河。而伴随着流量的快速增长，变现自然也就事半功倍了。

　　小程序诞生于微信这个强社交平台，自然也带有强大的社交属性。因此，分享功能成了小程序的标配。除此之外，小程序还有如下几个优点。

1.　开发便捷

　　相较于 App，小程序的页面相对要简单一些，再加上微信平台中提供了相应的开发工具。因此，小程序开发周期短、成本低，运营者很快便可以拥有自己的小程序。

2.　优质体验

　　小程序拥有优于现有 H5 页面的用户体验。同时，在平台内点击相应链接，便可以直接进入小程序的对应页面，使用体验相对较好。

3.　成本低

　　App 市场的饱和，使得新的 App 如果没有足够力度的推广宣传很难在市场中生存发展，而且一个 App 的开发成本非常高，没有强大的流量基础也很难支撑下去，特别是一些新企业，更难有出头之日。而小程序的出现，不仅让运营者节省了开发和推广费用，还带来给了中小企业新的生机。

7.1.2　运营技巧

　　流量变现不易，小程序的出现似乎让流量变现变得更加容易，每个电商都可以注册自己的小程序，完成小程序电商平台的开发。

　　小程序与社交化购物的结合，最大的价值就是可以提升拉新与引流。但是其重点在于用户运营，要做到这一点，运营者必须做有情感的内容，打造极致的用户体验，从而提高用户的参与及关注度。

1. 打好感情牌

当用户对小程序产生一定的兴趣时，说明小程序的内容得到了用户的认可。运营者首先要做到的就是让小程序呈现的内容吸引用户的关注。而当运营者打造有温度的内容时，便能不经意间走进用户内心。

回顾过往，那些能够对用户个人情感产生共鸣，让老用户对小程序电商平台产生很强归属感的内容，无论是文字、文章、图片，还是音频，都能获得许多用户的青睐。所以，很多上线时间较长，有一定影响力的小程序都会选择用这种方式并结合其他活动，进一步打造营销效果。

例如，"腾讯视频"小程序推出的"年终盘点"系列视频，不仅获得了数千万的播放量，更引得大量用户进行评论，如图 7-1 所示。

图 7-1 "腾讯视频"小程序推出的"年终盘点"系列视频

一个简单的活动有时可以引发大量用户的参与，并且随着用户的参与及宣传进一步扩大影响力，结合热门话题推出的内容，让用户在有兴趣的基础上，有感而发。这也是关注用户的情感需求，建立小程序电商平台品牌的一种有效方式。

2. 让用户认可

在当今数字化的时代，小程序作为企业和个人拓展线上业务的重要平台，其运营成功与否直接影响到品牌的发展和市场竞争力。而获得用户的认可是小程序运营的核心目标，为了实现这一目标，掌握有效的运营技巧至关重要。其中，良好的用户体验就是小程序成功运营的关键。因此，运营者要确保小程序界面简洁、操作便捷，同时提供有价值的内容和服务。在功能设计上，注重细节，确保用户在使用过程中能感受到贴心与便捷。

在电商购物类小程序中，运营者可以通过产品展示、产品介绍等图片的提供，让用户对产品有一个基本的把握。图 7-2 所示为"当当购物"小程序的"商品详情"

界面，该界面便是通过文字＋图片展示来增强产品的真实性，同时还提供了部分内容免费在线阅读，让用户能够免费体验。

图7-2 "当当购物"小程序"商品详情"界面和免费阅读内容

当运营者用大量图片和文字介绍产品时，顾客对产品的了解相对就会更多一些。通过书籍的封面和内容图片，以及内容免费阅读等，可以让没有购买的用户看到运营者提供的产品信息，从而使其产生真实的体验感。同时，对产品感兴趣的用户还可以一键生成专属海报，分享到微信好友、微信群、朋友圈和好物圈中，吸引更多好友购买，如图7-3所示。

比如，在"蘑菇街女装精选"小程序中，推出了专门的"直播特卖"板块。在该板块中，用户点击进入某直播间之后，便可以通过直播查看模特穿戴所要出售的衣物效果。因为视频可以更直观地查看衣物的穿戴效果，所以许多用户会因为更加真实的体验感而下定购买的决心，从而提高用户的认同感。

总之，为了在小程序市场中脱颖而出，获得用户认可是关键。这需要运用巧妙的运营技巧，从用户需求出发，优化用户体验，提升服务质量，并通过精准定位、优质内容、互动活动等多维度运营策略，让用户感受到小程序的独特价值和温暖关怀。小程序运营的精妙之处在于将技术与创意完美结合，为用户带来愉悦的体验，从而赢得用户的认可与信赖。

图 7-3 "当当购物"小程序的"一键生成专属海报"和"分享至好物圈"功能

3. 给用户惊喜

小程序电商运营的核心不仅仅是提供商品或服务，更是要给用户制造惊喜。在竞争激烈的市场环境中，用户的需求和期望不断提升，只有通过不断创新和突破，才能吸引并保持用户的关注。通过个性化推荐、会员制度、限时促销等策略，小程序电商运营可以给用户带来独特的购物体验和惊喜。同时，优质的售前、售中和售后服务，以及创意的营销手段，也能够增强用户的信任和忠诚度。通过不断制造惊喜，小程序电商运营能够提升用户的满意度，进而促进业务的持续发展。下面介绍了一些小程序运营中给用户带来惊喜的常用方法。

（1）限时促销：定期推出限时促销活动，如秒杀、抢购等，激发用户的购买欲望和参与度。

（2）互动活动：举办有趣的互动活动，如抽奖、拼团等，吸引用户参与并增加用户粘性。

（3）优质服务：提供优质的售前、售中和售后服务，解决用户的问题和疑虑，提高用户的满意度和信任度。

（4）创意营销：运用创意性的营销手段，如故事营销、情感营销等，引起用户的共鸣和情感投射，增加用户的忠诚度和品牌认同感。

（5）定制化产品：根据用户的需求和喜好，提供定制化的产品或服务，满足用户的个性化需求，增加用户的满意度和复购率。

4. 给内容"化妆"

对于小程序运营来说，给页面内容进行"化妆"是吸引用户留存的关键环节，通过巧妙的色彩搭配、布局优化和内容排版，小程序可以呈现出独特的品牌风格来提升用户体验；同时，结合用户行为数据和需求分析，不断调整优化设计，能够提高用户粘性和转化率，为小程序的成功运营奠定坚实基础。

适度包装，就相当于是给内容"化妆"，让内容以更好的形式出现。而经过精心的包装，相同的内容看起来却提升了一个段位，这样一来，内容在用户心中的印象分自然也会有所提高。

当用户点击并进入小程序时，首页导航就成了用户的第一关注重点。所以，把首页包装好、把首页导航设置好是内容"装修"的重中之重。图 7-4 所示为"OPPO 商城"小程序电商平台的内容界面，整体采用清爽的淡蓝色调，淡蓝色属于"安抚色"，可以让人安静并放松，静静地欣赏其中的产品，从而突出产品的特色，给用户留下极深的印象。

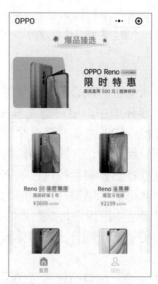

图 7-4 "OPPO 商城"小程序电商平台的内容界面

除了形式上的包装之外，运营者还需要对小程序的具体内容进行包装，增加内容对用户的吸引力。当然，包装不等于完全改造。小程序电商运营者在"装修"时，必须确保内容与小程序的内容定位一致。

5. 调动积极性

在运营化阶段中，小程序需要向用户展示优质内容，并通过优质内容打造平台优势。小程序内容展示一般分为 4 种方式，具体如下。

（1）话题选择：话题动态推荐最近发生的有影响力的话题。

（2）成员展示：根据用户提供的信息对内容进行相关展示。

（3）内容打造：在小程序模块中重点对优质内容进行更新。

（4）媒体助力：通过官微、微信和自媒体等新媒体平台转发。

当用户数量足够多时，为了小程序的长期发展，以及优质信息的打造，小程序电商运营者还需要让用户自产优质信息。在此过程中，为了调动用户参与的积极性，可以给予优惠奖励。

在用户自产优质信息方面，"猫眼电影演出 | 电影票演唱会话剧"小程序就非常值得借鉴，该小程序在保持买电影票、演唱会票、话剧票等的同时，还推出了"观众点评"和"评分"板块，让用户可以自由表达意见，通过他人的评论判断某个电影值不值得一看。

促进用户自产信息对于小程序有两个方面的作用。首先，用户自产信息可以增加小程序内容的多样性，让内容更显全面。其次，用户自产信息能够在体现用户参与度的同时，让运营者更能了解用户的需求，为小程序的内容调整提供参考方向。

7.2　微信小程序的运营技巧

小程序的入驻门槛比较低，商家只根据自己的业务需求和实际情况，选择合适的小程序类型和开发方式，并遵守微信平台的规定进行开发和运营。"

7.2.1　进行量身定制

小程序电商的运营不仅可以节省成本，还能大大缩短运营准备时间，更关键的一点是，运营小程序电商对商户的资质并没有太多要求，只要有想法，几乎人人都可以开发和运营。在此过程中，微信小程序电商运营者需要做的就是激发用户的下单积极性，让受众觉得你的产品确实值得购买。

1．小程序与微信端口的融合

微信小程序在微信上发布，其可以通过微信进入，也可以在微信上自由分享，微信上的常见功能几乎都可以与微信小程序关联。下面就带大家看看微信小程序是如何整合微信端口为己所用的，如何将小程序与电商小程序相结合的。

1）扫一扫

目前，微信小程序在申请成功后会自动生成一个名为"小程序码"的异型二维码，这是一个微信小程序的专属外部入口。而微信"扫一扫"功能不仅只是微信小程序的一个入口，也是微信小程序的一个应用出口。

"扫一扫"是微信早年花费了非常大的精力推广的一项功能，"扫一扫"的广泛应用构架起了一个全新的场景，正是这个场景将线上和线下联系沟通了起来，让微信真正地开始渗透进微信用户的日常生活中。

微信官方将"扫一扫"这个沟通线下的场景首先与微信小程序联系起来，也验证了腾讯公司通过微信小程序抢占线下实体零售市场的商业布局。

对于"扫一扫"这一联系线上线下的场景，微信小程序智慧零售商户可以将其应用到介绍门店商品信息中。例如，现在多数消费者十分重视消费质量，对于商品的产地、日期等信息很有兴趣，特别是生鲜类商品。商户可以抓住消费者的这一点需求，在商品的货架上贴上带有商品详情信息的二维码，让顾客可通过门店的微信小程序自主扫码获得这些信息，完成智慧导购。

这样既为商户减少了导购员方面的人力支出，也为顾客带来了良好的购物体验，并且商户还可以借此搜集及分析顾客的扫码数据，了解顾客对哪类商品最感兴趣，以便日后打造爆款商品做准备。

2）卡包功能

通过将微信卡包与小程序关联，顾客可以在商家的微信小程序中获得的优惠券和会员卡会被保存到微信卡包中，同时顾客也可以通过微信卡包中的优惠券和会员卡直接进入商家的微信小程序或者公众号之中。图7-5所示为麦当劳优惠券，领取此券的微信用户就可以通过微信卡包中的麦当劳优惠券进入麦当劳的微信公众号。

图7-5 麦当劳优惠券

卡包与小程序的关联为微信小程序智慧零售商户们提供一个全新的会员服务渠道，也为他们解决了会员留存的难题。微信小程序智慧零售商户可以通过小程序向顾客发放优惠券和会员卡，将顾客留存为会员，也不用担心顾客一旦离开小程序便会忘记或找不到优惠券、会员卡而流失，让发出的优惠券和会员卡丧失其价值。

同时，微信小程序智慧零售商户还可以参考上述麦当劳的做法，在发放的优惠券和会员卡中加入自家公众号的链接，以完成"小程序"—"优惠券/会员卡"—"公众号"的引流途径，将一部分会员转换到公众号中，使其成为忠实会员。

3）微信支付

强大的"微信支付"功能同样也可以帮助微信小程序智慧零售获得成功，传统零售一直难以解决的一大问题便是"短期客流峰期与服务能力不对等"的问题。大周期的客流峰期变化，如各大重要节假日时期，客流会明显变大的时候，商户会增加接待人员，增设结算出口。但是，在客流峰期不确定的较短周期内，如某个普通的一天，商户再去花费额外的成本支出显然就不是很合理了。如此一来，在刚好遇上客流高峰期的时候，商户的服务能力就会跟不上，这样导致的最直接的结果就是排队，顾客需要排队点单，也需要排队结账。

排队会带来诸多问题，商户为了解决这些问题又需投入成本，这便使得商户们既花了不该花的钱，又没有赚到该赚的钱。

但是，小程序接入"微信支付"功能后，顾客便可以在商户提供的小程序中流畅地完成"选购"—"下单"—"支付"这三个步骤，顾客甚至都不需要扫描二维码去付款，从而带给顾客不一样的购物新感觉。

4）分享转发

"分享转发"是微信上的一大特色功能，众多信息通过此功能在微信上快速传播，"分享转发"功能是构建微信社交互动圈中的重要一点。凭借"分享转发"功能，有趣的信息被迅速传播到微信群和公众号等微信上流量聚集的地方，从而引发社群式的裂变传播。

2. 知晓小程序场景营销策略

在微信小程序电商的运营过程中，运营者要想通过场景引流，还得懂得一些场景营销策略。接下来，笔者将结合个人运营经验，给大家提供一些简单可行的场景营销策略，帮助大家更好地做好场景营销。

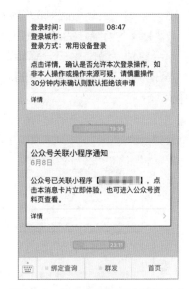

1）消息场景：发送关联通知引流

公众号可以通过向粉丝发送关联小程序通知的方式，增加进入小程序的渠道。图7-6所示为某公众号向用户发送公众号关联小程序通知的界面。这看似只是一条通知，但收到该通知的用户却可以通过点击消息直接跳转至小程序界面。

另外，虽然每个公众号每天只有一个推送图文消息的名额，但是运营者大可不必担心发送关联小程序通知之后会影响正常的消息推送，因为该通知是不占用每天的推送名额的。

图7-6 某公众号向用户发送公众号关联小程序通知的界面

需要特别说明的是，公众号关联微信小程序的通知只能发送一次，一旦用完也就没有了。因此，运营者要懂得善用这次宣传小程序的机会，让这条通知尽可能地发挥其应有的引流效果。

2）实用场景：提供特定使用场景

对于微信小程序来说，其实用性可以说是运营者的制胜法宝之一，那么如何体现微信小程序的实用性呢？其中，较为简单和直接的一种方法就是提供特定的使用场景，创造机会让受众使用微信小程序。

这一点对于以功能取胜的微信小程序来说尤其重要，因为使用场景的创造不仅可以提高微信小程序的使用率，更是对品牌的有效宣传，只要使用场景做得好，便可以争取到大量用户。"美团"小程序就是一个很好的例子。

为了让品牌得到宣传，美团单车先是以数量取胜，将大量单车放置在道路旁。这一举动实际上就是通过随处可见的租赁物——单车，在增加产品曝光率的同时，为用户提供产品的使用场景，方便用户使用。

而用户只要打开"美团"小程序，选择"骑车"选项，不仅可以清晰地看到离自己最近的单车，减少不必要的找车时间，还可以点击该界面下方的"扫码用车"按钮，通过扫码直接开锁。

正是因为"美团"小程序可以通过单车定位和扫码开锁为用户带来诸多便利，所以越来越多的用户开始使用该小程序。而在此过程中，该小程序的单车定位和扫码用车功能，实际上起到的作用就是提供特定使用场景。

3）线下场景：活动鼓励用户分享

当看到"鼓励用户分享转发"这几个字样时，有的运营者可能会有疑惑，这是因为在微信"运营规范"中的"行为规范"板块明确指出不能诱导分享，如图7-7所示。

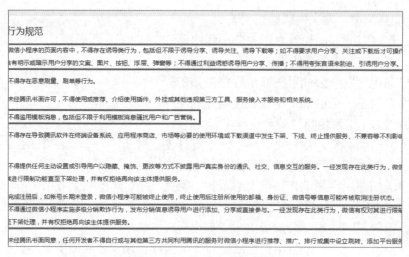

图7-7 "行为规范"板块

但是，如果仔细看相关内容就会发现，它只是要求运营者不得在微信小程序界面中引导用户分享。至于其他地方，如公众号、线下等，微信小程序既没有做出要求，也没有管理的权利，运营者可以放心鼓励用户分享小程序。

对此，运营者可以把握好机会通过一定的举措鼓励用户分享小程序，如可以在线下举行一些活动，将小程序的分享次数作为评判的标准，对分享次数较多的用户给予一些优惠。这样做，部分用户为了获得福利，势必会充当小程序宣传员的身份，帮小程序广发"名片"。

当然，除了鼓励他人分享之外，运营者及相关人员也可以充分发挥主观能动性，利用小程序的转发功能，将小程序分享给自己的好友。相比自己埋头苦干，借助其他人的力量，往往能让更多人认识到微信小程序。毕竟，每个人都有好友，传播者越多传播面也就越广。

4）周边场景：善用 LBS 位置推广

LBS 位置推广功能是"附近的小程序"中开发的一个新功能，通过这个功能，运营者可以将消费者引导至自己的实体店。

如图 7-8 所示，进入"附近的小程序"界面，选择一个点击便可以进入店铺详情界面，如图 7-9 所示，查看店铺的相关信息。

而点击 ⊙ 图标之后，界面中将出现周边地图，并显示用户和店铺的位置，点击
◆ 图标，选择最佳的路线，给用户导航。

图 7-8　"附近的小程序"界面

图 7-9　店铺详情界面

5）构建场景：通过场景带动销售

对于微信小程序商户来说，衡量场景营销成效最直接的标准就是构建的场景能否带来销量的提升。那么，如何用场景带动销售呢？笔者个人认为，这需要微信小

程序商户分别从售前、售中、售后这 3 个阶段分别构建场景，具体分析如图 7-10 所示。

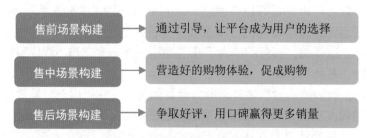

图 7-10　构成场景的 3 个阶段

接下来，就让我们来看看在销售的各个阶段中，如何通过场景来带动销售。

（1）售前场景构建。

售前场景构建最重要的一点就是让平台成为潜在消费者的选择。对此，微信小程序商户需要做的就是让潜在消费者在认识微信小程序电商平台的同时，还能让其看到平台的优势。

对此，微信小程序商户不仅要通过场景构建做好宣传工作，更要保证好产品的质量，控制好产品的价格，毕竟质量和价格才是消费者购物的主要参考因素。只要产品质量好，稍加宣传就能让小程序店铺从微信平台走出去，"酒香不怕巷子深"说的就是这个道理。

（2）售中场景构建。

售中场景构建最直接的目的就是坚定潜在消费者的购物决心，让其完成购物。当然，要达到这一点，微信小程序商户还需要为潜在消费者营造一个便捷、舒适的购物体验。

比如，随着生活节奏的加快，人们购物的时间日益碎片化。很多消费者没有将太多时间用在购物上，他们可能会希望在几分钟内就完成购物。基于这一点，微信小程序商户需要通过明确的导航为消费者做好购物引导，让消费者能够更好、更快地找到自己需要的东西。

（3）售后场景构建。

虽然销售完成表示微信小程序商户已经获得了一笔订单，但这并不是一次销售活动的完结。因为消费者完成购物后，微信小程序商户还需为其提供相关售后服务。

需要特别说明的是，微信小程序平台的口碑将对其今后的销售产生很大的影响。而售后场景构建的重点就是在为消费者提供优质售后服务的同时，通过沟通交流，获得更多好评，从而让微信小程序店铺平台在消费者群体中取得良好的口碑，并通过口碑获得更高的销售量。

7.2.2　提高搜索排名

微信中搜索排名对小程序的使用率便起到了决定性的作用。如果商户能够让自己的小程序搜索排名靠前，自然就能获得较高的使用率，从而在众多的小程序中脱颖而出，打造出爆款小程序。因此，有效提高微信小程序的搜索排名就是我们需要重点注意的一个问题。

1. 用户拉新

其实，拥有线下实体店面的微信小程序商户也可以很好地利用微信和小程序来进行用户的拉新引流工作。那么，线下实体店的小程序如何才能获得广大用户的青睐，从成千上万款小程序中脱颖而出，成为人气爆棚的小程序呢？

1）社交购物

基于微信平台的小程序电商拥有强大的社交基因，对于拥有线下实体店的商户来说，不仅可以在微信中开展社群营销，还可以利用"社交购物"来吸引顾客。

同时，微信小程序商户可以在小程序上发布一些拼团优惠，或者开展"姐妹价""好友价"等优惠活动，吸引顾客组队前来进行社交购物。而这样的社交购物通常可以给商户带来几点好处，具体如下。

（1）高效引流：小程序商户通过这种方式吸引来的顾客通常都是两人或两人以上。

（2）自动聚集：商户通过这种方式来吸引顾客就等于是为顾客创造了一个发起社交购物的契机，有兴趣的顾客会自行邀请好友组队购物。

（3）双倍成交：很多组队进店购物的顾客，不仅会在店中进行体验，还有可能会购买原购物计划外的商品，成交量自然比单个顾客要高。

2）打卡签到

"每日打卡"或者"每日签到"是手游和 App 中常见的元素。因为微信小程序的特色之一就是"无须安装卸载，用完即走"，所以微信小程序最初是没有签到打卡这类留存顾客的功能，但随着微信小程序的发展，一些线下实体店开始在自家的小程序中加入了打卡功能来吸引顾客再次光顾，从而增强用户黏性，并有效实现顾客的回流和二次转化。

3）促销活动

实体门店需要拉新引流、扩大销售量时，开展促销活动无疑是常用的方法，传统的门店促销活动开展时，除了用优惠来吸引感兴趣的顾客外，一般都是通过发放传单或让营销人员在门店周围赠送优惠券拉客。但是，商户如果使用微信小程序进行运营，促销活动就变得轻松多了。

就拿一家社区超市作为例子来说，超市可以将详细的优惠信息放到小程序中，把最具吸引力的内容打印成海报，并附上门店的小程序码。这样既可以节省发放传单的人力和材料成本的支出，又可以为顾客提供一个自行获取优惠信息的窗口，并且顾客中的微信熟练使用者得知门店小程序可以获取详细的促销活动信息时，就会自主通过附近的小程序入口进入小程序查看优惠信息，这也减少了活动现场引导人员的工作压力，可谓"一举三得"。

发放优惠券的工作也可以交给小程序完成，并且在通过微信的智能算法识别出了参与活动的超市会员或有过数据记录的顾客后，根据他们的不同消费喜好，门店小程序可以向他们发放不同的优惠券，实现个性化的促销活动。

此外，促销活动中如果有现场互动环节，也可以在这些环节中加入门店小程序的应用，调动所有顾客对促销活动的热情，而不是只有靠近舞台或主持人的那部分顾客最积极。

2. 排名规则

正是因为微信小程序的搜索排名对用户的使用起到了非常大的引导作用，所以许多微信小程序电商运营者一直致力于提高自家微信小程序的搜索排名。

但是，在此之前小程序运营者还必须弄清楚微信小程序的搜索排名是由哪些因素决定的，只有如此，对于如何提高自家微信小程序的搜索排名才能做到有的放矢。

1）用户使用总量

微信小程序的总使用量在搜索排名中的影响占比约为50%。也就是说，一个微信小程序的排名，从很大程度上来说是由微信小程序的使用次数来决定的，使用次数越多的微信小程序其排名越靠前。所以，小程序运营者要想提高微信小程序的排名，就要着力于提高其使用量。

那么，小程序运营者怎样增加小程序的使用量呢？笔者个人认为主要有两种思路，具体如下。

（1）通过品牌的宣传和打造，让更多的用户认识商户的微信小程序，并主动使用。

（2）提供多种进入微信小程序平台的渠道，并通过鼓励引导，积极地进行引流。

2）名称关键词

微信小程序名称中是否有用户搜索的关键词在搜索排名中的影响占比约为35%。通常来说，在名称中包含关键词的情况下，名称越短，商户的微信小程序的搜索排名也就越靠前。

当用户选取某个关键词搜索微信小程序时，系统就会把名称中有该关键词的小程序排在前面，而那些名称中没有该关键词的小程序将被排在相对靠后一些，甚至不会出现在搜索结果中。

图7-11所示为在微信小程序中搜索"快餐"的结果，从该搜索结果中可以看出，所有排名靠前的微信小程序都有一个共同点，那就是名称中都有"快餐"这个关键词。而我们熟悉的西式快餐（如肯德基、麦当劳）的微信小程序，却均未出现

在搜索结果中。

图7-11　搜索"快餐"的部分结果

如果用户在搜索结果中选择从小程序进入，这类名称中没有关键词的快餐就会被排除在外。因此，运营者在给微信小程序电商取名时一定要多下一些功夫，一定要基于微信小程序智慧零售平台自身的主要业务，结合热点关键词进行命名，并尽可能地控制好名称的长度。

另外，值得一提的是，微信小程序的名称具有唯一性，也就是说，名称如果被其他运营者抢先一步注册，那你将无法再用同样的名字。所以，要想获得满意的微信小程序名称，商户还需尽早注册。

3）小程序上线时间

微信小程序电商平台的上线时间在搜索排名中的占比约为5%。在其他条件相同的情况下，微信小程序电商平台上线的时间越早，其排名也就越靠前。

要想在一种新生事物中获得发展，那么方法应该多种多样，如果能尽早入场，获胜的概率往往要更大一些。微信小程序也是如此，如果商户尽早发布小程序，那么小程序的发展契机通常也要更多一些。其主要体现在两个方面，如图7-12所示。

因此，如果商户有运营微信小程序智慧零售的想法，一定要尽早发布微信小程序。虽然上线时间在搜索排名中的占比不是很高，但它对于小程序日后的运营和发展的影响却是深远而重大的。

4）小程序运行状态

虽然微信小程序不在搜索排名中有占比，但一个微信小程序暂停运行，那么它便会因为用户无法进入、使用量不断减少而出现排名的下降，而且停止运行的微信小程序对于用户来说也就失去了意义。所以，微信小程序的正常运行状态，对于其搜索排名也是非常重要的。

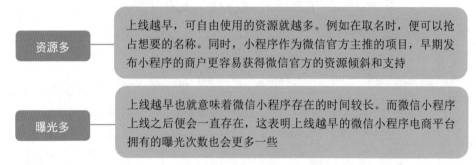

| 资源多 | 上线越早，可自由使用的资源就越多。例如在取名时，便可以抢占想要的名称。同时，小程序作为微信官方主推的项目，早期发布小程序的商户更容易获得微信官方的资源倾斜和支持 |

| 曝光多 | 上线越早也就意味着微信小程序存在的时间较长。而微信小程序上线之后便会一直存在，这表明上线越早的微信小程序电商平台拥有的曝光次数也会更多一些 |

图 7-12 尽早发布小程序的好处

3. 排名优化

正是因为微信小程序的搜索排名将作为一种场景呈现给用户，所以许多运营者想方设法提升自身微信小程序的排名。但是，在此过程中，如果方法不正确，结果很可能只是劳心劳力却没有得到预想的效果。其实，提升小程序排名是有技巧的，只要掌握了技巧，自然就能事半功倍。

1）借势热点寻找关键词

在影响小程序搜索排名的各种因素中，最直观的无疑就是关键词。但是，用户在搜索时所用的关键词可能会呈现阶段性的变化。具体来说，许多关键词都会随着时间的变化而具有不稳定的升降趋势。因此，运营者在选取关键词之前，需要先预测用户搜索的关键词。

（1）参照热点预测关键词。

社会热点新闻是人们关注的重点，小程序运营者不仅要关注社会新闻，还要学会预测热点，抢占最有力的时间预测出热点关键词，并将其用于微信小程序的名称中。下面笔者介绍一些预测热点关键词的方向，如图 7-13 所示。

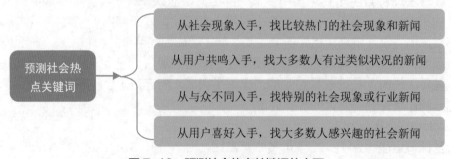

预测社会热点关键词	从社会现象入手，找比较热门的社会现象和新闻
	从用户共鸣入手，找大多数人有过类似状况的新闻
	从与众不同入手，找特别的社会现象或行业新闻
	从用户喜好入手，找大多数人感兴趣的社会新闻

图 7-13 预测社会热点关键词的方面

（2）根据季节预测关键词

即便搜索同一类物品的小程序，用户在不同时间阶段选取的关键词仍可能会有一定的差异性。也就是说，用户在搜索关键词的选择上可能会呈现出一定的季节性。因此，运营者需要根据这种季节性，预测用户搜索时可能会选取的关键词。

季节性的关键词预测还是比较容易的，微信小程序运营者可以从季节和节日名称上进行预测，如图 7-14 所示为从节日名称上预测关键词。

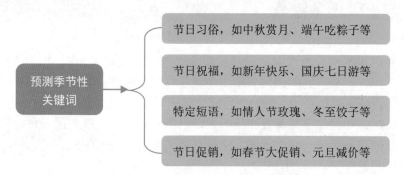

图 7-14　从节日名称上预测关键词

值得一提的是，关键词的季节性波动比较稳定，主要体现在季节和节日两个方面，如用户在搜索服装类小程序时，可能会直接搜索包含四季名称的关键词，如春装、夏装等；节日关键词会包含节日名称，如春节服装、圣诞装等。

2）增加关键词使用频率

增加关键词使用的频率也是提高微信小程序搜索排名的一种不错的方法。就算使用了大量的关键词，小程序的搜索排名也可能因为点击量等其他因素而没有排在最前，但大量的关键词也会第一时间吸引到依据关键词搜索小程序的用户的注意，让其在感觉上就更倾向于选择关键词出现次数多的小程序。

不过在增加关键词的使用频率之前，小程序运营者还需要调查选择值得被多次曝光的关键词。这一点商户可以查看朋友圈的动态，抓取近期的高频词汇，将其作为关键词嵌入小程序中，并适当让选取的关键词多出现几次。

3）自定义关键词的设置

为了增加搜索的针对性，微信向小程序运营者开放了自定义关键词功能，运营者需要根据自身小程序的业务范围选用相对热门的关键词。需要特别说明的是，热门与热点不同，热门是表示关键词已经出来，并且这些词本身就已经具有了较高的搜索量。因此，热门关键词是不需要预测的，运营者需要做的主要是进行关键词的选择。

那么，热门关键词应该如何选择？笔者认为，运营者可以从 8 个方面分析、选择热门关键词，如图 7-15 所示。

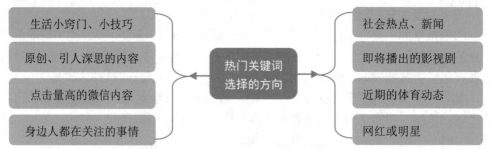

图 7-15　热门关键词选择的方向

关键词可粗略地分为两类，一类是包含的范围相对较大、相对主流的关键词，即目标关键词，上文提到的热门关键词便属于此类。还有一类就是长尾关键词，它是指词汇包含范围相对较小，相较于目标关键词而言，用户搜索频率较低的关键词。

虽然长尾关键词的搜索率要比目标关键词低，但作为关键词的一种，它也可以为微信小程序电商带来一定的流量。由于长尾关键词的语义相对具体，所以它往往比目标关键词更能获得精准用户。

那么，如何获取有效的长尾关键词呢？笔者认为，运营者可以通过 4 种方式对长尾关键词进行挖掘，具体如下。

（1）通过热点内容、用户搜索习惯进行挖掘。

（2）寻找与目标关键词语义相近的词。

（3）对目标关键词重新进行组合。

（4）将目标关键词的语义进一步具体化。

比如，"服装"作为产品的一个种类，在小程序的搜索中可视作目标关键词。而"衣服"与"服装"的语义大致相近，因此运营者可以将其作为一个长尾关键词。另外，"服装"又包括许多种类，运营者可将其中相对具体的"男装""女装"作为长尾关键词。

某个小程序名为"XX 服装衣服男装女装鞋子皮包包"，用户搜索"服装""衣服""男装"时，会在搜索结果的界面就可以看到该小程序，如图 7-16 至 7-18 所示。

虽然该小程序名称相对较长，显得不是太好看，但与其他小程序相比，它却有两大优势。首先，因为长尾关键词的添加，它可以更精准地获得潜在用户；其次，随着关键词数量的增加，该小程序被搜索到的概率也会增加，商户小程序就能通过搜索这个途径获得更多流量。

4）通过口碑好评提高排名

如何争取用户的好评呢？笔者认为，运营者可以通过一定的举措增加小程序里相关产品的好评率，这一点对购物类小程序尤其重要。对此，该类小程序运营者可以通过提高产品质量和服务水平，以及赠送物品等方式，获得用户的好评。

图 7-16　搜索"服装"的结果　图 7-17　搜索"衣服"的结果　图 7-18　搜索"男装"的结果

用户之所以会给予微信小程序电商或小程序中的产品好评，有以下两个原因。

（1）产品是被用户认可的，因此用户出于理性给好评。对此，小程序运营者可以通过完善小程序功能和提高产品质量等途径来实现。

（2）用户对产品产生好感，出于感性给予好评。为此，小程序运营者可以通过互动增加与用户的情感联系、赠送物品让用户获得很好的购买体验感等方式，增加情感分。

5）线上、线下多渠道宣传

要想让用户使用微信小程序店铺进行购物，提高小程序的使用率，小程序运营者首先要做的就是制造场景让用户知道微信小程序店铺的存在。对此，微信小程序运营者可以通过多种渠道从线上、线下分别对微信小程序进行宣传。

（1）线上宣传。

在线上宣传微信小程序电商时，除了要让用户知道微信小程序店铺的存在之外，还需要为用户进入小程序提供一个点击即可进入的链接。也就是说，不仅要多渠道宣传，还要让小程序随时可以进入。

对此，小程序运营者如果有自己的微信公众号，便可以在公众号文章中适时插入微信小程序的链接卡片，提供进入小程序店铺的入口。图 7-19 所示为某微信公众号文章的截图，其采用的便是这种宣传方式。

除此之外，小程序运营者还可以通过图片+链接的形式进行宣传。图 7-20 所示为某小程序店铺的一张宣传图，这张图最巧妙的地方在于在有网络的情况下，点击"狂点下方秒进商城"的下方便可进入微信小程序电商平台。

图 7-19　某公众号文章的链接卡片界面

图 7-20　某店铺的宣传图

（2）线下宣传。

线下宣传微信小程序店铺最重要的一点是让用户知道小程序店铺的同时，方便用户进入该店铺。虽然线下不能像线上一样点击链接直接进入小程序，但小程序运营者可以借助二维码，让用户扫码进入。

7.3　抖音小程序的运营技巧

抖音小程序也是小程序电商的代表之一。运营者只需开发一个抖音小程序，便相当于是在抖音上增加了一个营销的方式。抖音账号运营者可以在抖音中放置抖音小程序的链接，在用户点击链接时便可进入小程序，并在小程序中购买商品。

7.3.1　找到小程序的主要入口

抖音对于自己的小程序功能也是非常重视的，这一点从抖音平台中小程序的入口数量便可以看得出来。在抖音平台中，主要为抖音小程序提供了 5 个入口，具体内容如下。

1. 视频播放界面

运营者如果已经拥有了自己的抖音小程序，就可以在视频播放界面中插入抖音小程序的链接，而用户只需要点击该链接，便可以直接进入对应的链接位置。抖音小程序的特定图标为，用户只要看到带有该图标的链接，直接点击即可进入相应的抖音小程序。

例如，在某短视频播放界面中，抖音用户有时可以看到在该账号名称的上方会出现一个带有图标的链接，用户点击链接之后，即可进入该账号抖音小程序中某个商品的详情界面，如图 7-21 所示。

图 7-21　视频播放界面中的抖音小程序入口及商品的详情界面

2. 视频评论界面

除了在视频播放界面中直接插入抖音小程序链接之外，抖音电商运营者也可在视频评论界面中提供抖音小程序的入口。

例如，在抖音号"猫眼电影"发布的部分短视频中，抖音用户点击 按钮，进入其视频评价界面，便可看到评价界面上方的小程序链接，如图 7-22 所示。抖音用户只需点击该链接，便可进入抖音小程序的对应位置。

图 7-22　视频评价界面中的抖音小程序入口

3. 个人主页界面

在个人主页界面中，同样也可插入抖音小程序的链接。例如，在抖音号"猫眼电影"的个人主页中，就有一个"小程序服务"按钮，抖音用户点击该按钮，便可直接进入其抖音小程序，如图 7-23 所示。

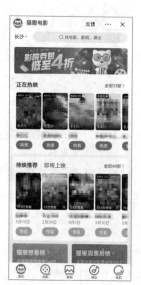

图 7-23 个人主页界面中的抖音小程序入口

4. 最近使用的小程序

如果抖音用户近期使用过某些抖音小程序，那么这些小程序就会在最近使用的小程序中出现。然而，最近使用的小程序的位置在哪里呢？

抖音用户只需点击▤按钮，在弹出的菜单栏中选择"小程序"选项，便可进入"小程序"界面，如图 7-24 所示。抖音用户只需点击抖音小程序所在的位置，便可直接进入其对应的抖音小程序界面。

5. 综合搜索界面

相较于去视频播放界面、视频评论界面和个人主页界面中一一查找，更多抖音用户习惯直接进行抖音小程序的搜索。例如，在综合搜索界面中，输入"猫眼电影"，在搜索结果界面中，点击"小程序"板块中的"进入"按钮，便可进入该抖音小程序，如图 7-25 所示。

需要注意的是，如果搜索的账号没有发布抖音小程序，在搜索结果中是看不到"小程序"板块的。因此，如果抖音用户想要通过这种方式进入抖音小程序，最好是在搜索前先确认对应的抖音小程序是否已经存在。

图 7-24　最近使用的小程序入口的界面

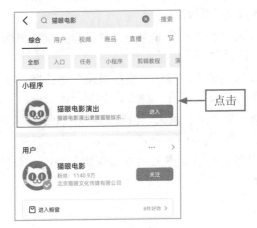

图 7-25　内容搜索界面中的抖音小程序入口

7.3.2　熟悉注册发布流程

抖音小程序是一个营销"利器",如何拥有一个属于自己的抖音小程序呢? 下面笔者就来为大家讲解抖音小程序的注册发布流程,让大家快速拥有属于自己的抖音小程序。

1. 注册小程序账号

想要拥有一个抖音小程序,首先要注册一个小程序账号。需要注意的是,不同注册主体的注册要求有所不同，抖音账号在注册小程序账号时，需要了解具体的主体注册规范。图7-26所示为抖音官方给出的小程序主体注册规范。

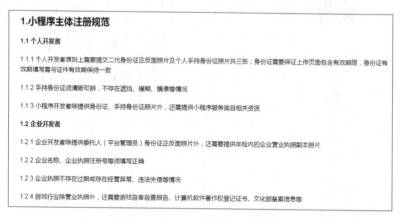

1. 小程序主体注册规范

1.1 个人开发者

1.1.1 个人开发者原则上需要提交二代身份证正反面照片及个人手持身份证照片共三张；身份证需要保证上传页面包含有效期限，身份证有效期填写需与证件有效期保持一致

1.1.2 手持身份证须清晰可辨，不存在遮挡、横糊、镜像等情况

1.1.3 小程序开发者除提供身份证、手持身份证照片外，还需提供小程序服务类目相关资质

1.2 企业开发者

1.2.1 企业开发者除提供委托人（平台管理员）身份证正反面照片外，还需要提供年检内的企业营业执照副本照片

1.2.2 企业名称、企业执照注册号等须填写正确

1.2.3 企业执照不存在过期或存在经营异常、违法失信等情况

1.2.4 游戏行业除营业执照外，还需要游戏自审自查报告、计算机软件著作权登记证书、文化部备案信息等

图7-26 小程序主体注册规范

了解了主体注册规范之后，抖音账号运营者便可以开始注册抖音小程序了。具体的抖音小程序注册步骤如下。

步骤 01 进入字节跳动小程序开发者平台的默认页面，单击页面右上方的"快捷登录"按钮，如图7-27所示。

步骤 02 操作完成后，弹出"快捷登录"对话框，在对话框中输入手机号和验证码，然后单击"登录"按钮，如图7-28所示。

步骤 03 操作完成后，进入"设置用户名"页面，在页面中输入开发者用户名，然后单击"确认"按钮，如图7-29所示。

步骤 04 操作完成后，进入"申请创建"页面，单击页面中的"申请"按钮，如图7-30所示。

图7-27 单击"快捷登录"按钮

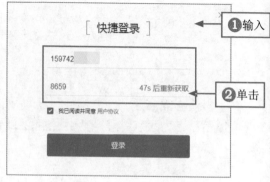

图7-28 单击"登录"按钮

图 7-29　单击"确认"按钮

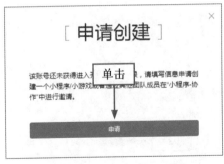

图 7-30　单击"申请"按钮

步骤 05　操作完成后，进入申请资料填写页面，如图 7-31 所示。在该页面中填写相关信息，完成后单击页面下方的"申请"按钮。

图 7-31　申请资料填写页面

申请提交之后，只需等待审核即可。审核通过之后，抖音运营者便可完成抖音小程序的注册。

2. 创建抖音小程序

抖音小程序注册完成后，便可以开始进行抖音小程序的创建了，具体步骤如下。

步骤 01　进入字节跳动小程序开发者平台，单击创建小程序，进入"基本信息"页面，在该页面中填写相关信息，单击"下一步"按钮，如图 7-32 所示。

步骤 02　弹出"输入验证码"对话框，在该页面中输入手机号和验证码后，单击"下一步"按钮，如图 7-33 所示。

步骤 03　进入"小程序开发引导"页面，如图 7-34 所示。在该页面中如实填写完相关信息，便可完成抖音小程序的创建。

图 7-32　"基本信息"页面 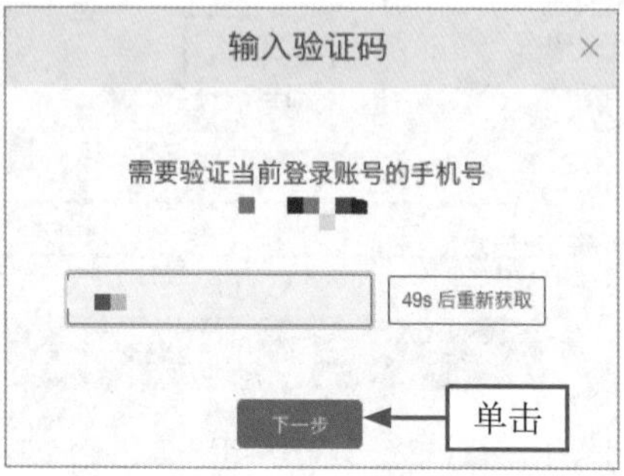　　　　图 7-33　"输入验证码"对话框

图 7-34　"小程序开发引导"页面

比如，单击"小程序开发引导"页面中"主体认证"后方的"去认证"按钮，便可进入"填写认证信息"页面，如图 7-35 所示。抖音账号运营者可以在该页面中填写相关信息，进行主体认证。

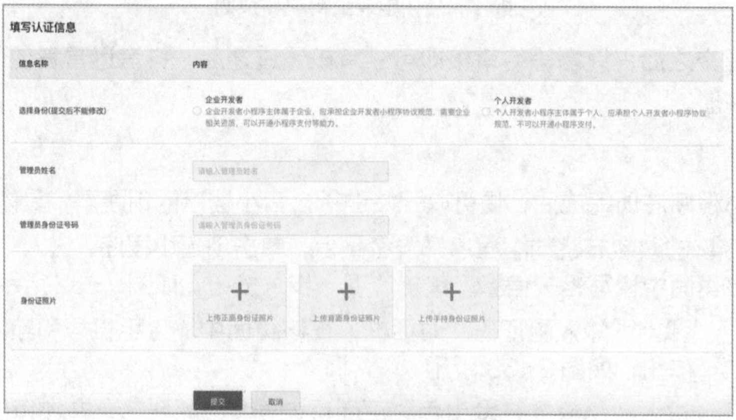

图 7-35　"填写认证信息"页面

3. 小程序开发前的准备

抖音小程序开发前的准备，主要分为如下 3 个部分。首先，是在小程序开发者平台的"开发"页面中，进行小程序 Key、服务器域名和 webview 域名进行设置，如图 7-36 所示。需要注意的是服务器域名和 webview 域名必须是合法的。

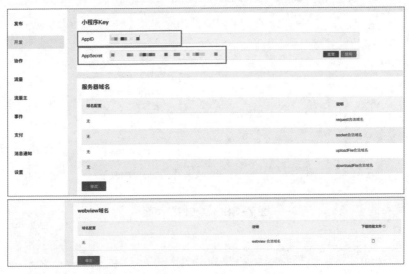

图 7-36　"开发"页面

然后，进入"协作"页面，如图 7-37 所示。单击对应位置的"添加"按钮，可以进行管理员和协作组的添加。

最后，进入"支付"页面，在该页面中设置支付信息，并单击"开通支付"按钮，开通支付功能，具体如图 7-38 所示。

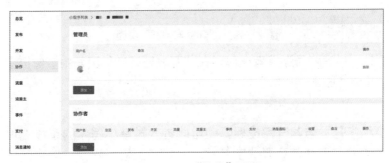

图 7-37　"协作"页面

4. 小程序的开发与调试

小程序开发前的准备做好之后，接下来就可以进行小程序的开发与调试了。抖

音账号运营者可以进入"字节跳动开发者文档 | 小程序"页面，选择"接入流程"选项的"开发与调试"命令。在该页面中，抖音账号运营者可以获得用于开发与调试的开发者工具下载、官方开发文档和字节跳动开放社区的相应信息，如图7-39所示。

图7-38 "支付"页面

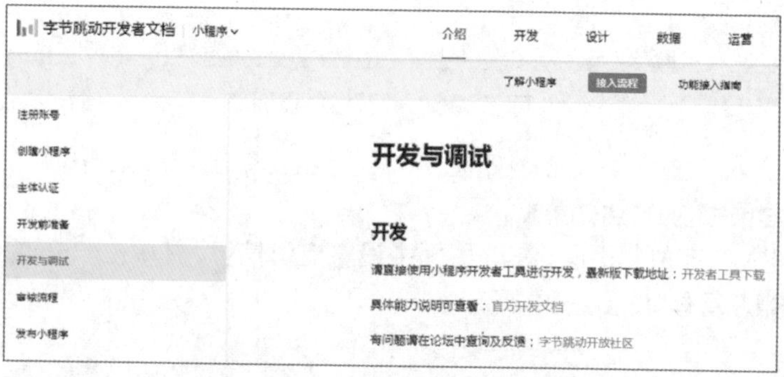

图7-39 "开发与调试"页面

除此之外，抖音账号运营者还可以在"开发与调试"页面中查看抖音小程序的调试流程，具体如图7-40所示。

5. 抖音小程序的审核流程

抖音小程序开发与调试完成后，便可以进入抖音小程序的审核流程了。抖音账号运营者需要先下载并登录"字节跳动开发者工具"软件，然后单击平台中的"上传"按钮，一键上传代码包，如图7-41所示。

代码包上传完成后，登录字节跳动开发者平台，进入小程序开发者平台的"发布"页面。在该页面中可以看到上传的测试版本，单击版本所在位置的"提审"按钮，如图7-42所示。

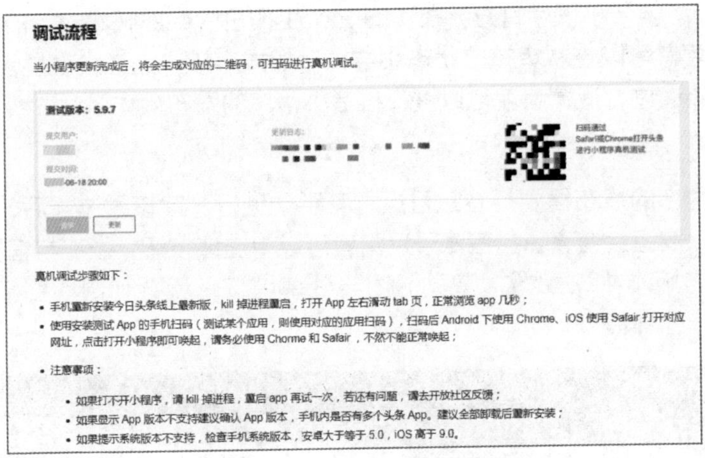

调试流程

当小程序更新完成后，将会生成对应的二维码，可扫码进行真机调试。

测试版本：5.9.7

提交用户：

提交时间：
06-18 20:00

更新目录：

扫码通过
Safari或Chrome打开头条
进行小程序真机调试

离机调试步骤如下：

- 手机重新安装今日头条线上最新版，kill 掉进程重启，打开 App 左右滑动 tab 页，正常浏览 app 几秒；

- 使用安装测试 App 的手机扫码（测试某个应用，则使用对应的应用扫码），扫码后 Android 下使用 Chrome、iOS 使用 Safari 打开对应网址，点击打开小程序即可唤起，请务必使用 Chrome 和 Safair，不然不能正常唤起；

- 注意事项：
  - 如果打不开小程序，请 kill 掉进程，重启 app 再试一次，若还有问题，请去开放社区反馈；
  - 如果显示 App 版本不支持建议确认 App 版本，手机内是否有多个头条 App。建议全部卸载后重新安装；
  - 如果提示系统版本不支持，检查手机系统版本，安卓大于等于 50，iOS 高于 90。

图 7-40　"调试流程"页面

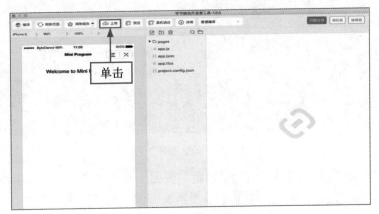

图 7-41　上传代码包

图 7-42　"提审"页面

提审之后，字节小程序官方会在 1 ~ 2 个工作日内完成版本的审核。在此期间，抖音账号运营者可以查看审核的状态和结果。如果审核未通过，会显示未通过的原因；如果审核通过，运营者就可以进行抖音小程序的发布操作了。

6. 发布抖音小程序

抖音小程序的发布需要抖音账号运营者手动进行。审核通过之后，审核版本板块的"发布"按钮会变亮。抖音账号运营者可以单击该按钮，发布抖音小程序。

如果发布版本中未配置搜索关键词与分享内容，就会弹出如图 7-43 所示的"确认发布"对话框。

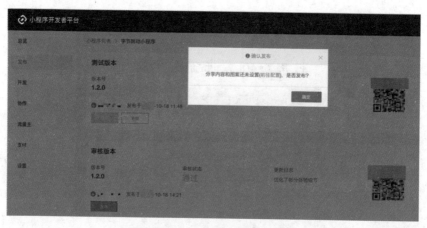

图 7-43 "确认发布"对话框

单击"确认发布"对话框中的"确定"按钮，操作完成后，进入小程序开发者平台的"设置"页面。单击该页面中"搜索关键词"的"修改"按钮，如图 7-44 所示。

图 7-44 小程序开发者平台的"设置"页面

操作完成后，进入"关键词上传"页面，如图 7-45 所示。运营者可以在该页面中输入关键词，然后单击"提交"按钮进行设置。

除了"搜索关键词"之外，运营者还可以单击"分享设置"按钮，进入如图 7-46 所示的"分享设置"对话框，输入分享文案，并单击"确定"按钮，进行分享设置。

图 7-45　"关键词上传"页面

图 7-46　"分享设置"对话框

完成上述操作后，单击"审核版本"板块的"发布"按钮，如果出现"线上版本"页面，就说明发布成功了，如图 7-47 所示。

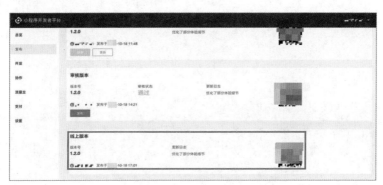

图 7-47　"线上版本"页面

第8章

团购电商：实现快速吸粉引流

学前提示

团购电商是以团购为目的而开展的各种电子商务，具体表现形式是通过团购进行带货，从而达到变现的目的，主要代表平台有抖音和兴盛优选等。

本章笔者将为大家讲解团购电商的相关内容，以及抖音和兴盛优选等主要平台的运营技巧，来帮助大家更好地了解团购电商。

要点展示

➢ 全方位了解团购电商
➢ 抖音团购的运营技巧
➢ 兴盛优选的运营技巧

8.1 全方面了解团购电商

团购电商最特别的一点就是通过团购这种方式获得一定的优惠，如通过团购一件商品，用户能以更便宜的价格获得。团购电商是一种对于消费用户和商家都有益的电商模式。本节笔者以抖音为例，为大家介绍团购电商的相关内容。

8.1.1 团购电商的表现形式

团购电商的主要表现形式为通过团购进行带货。团购带货近两年格外火热，因此越来越多的商家加入了团购带货行业。

团购带货为商家和达人提供了新的合作机会，只要达人发布带有位置或团购的视频就有机会获得收益，实体商家也能获得一波客流量。

8.1.2 团购带货的开通技巧

团购带货就是商家发布团购任务，达人通过发布带位置或团购的相关视频吸引用户点击并购买商品，用户完成到店使用后，达人即可获得佣金。需要注意的是，团购带货售卖的商品是以券的形式发放给用户，不会产生物流运输和派送记录，需要用户自行前往指定门店，出示商品券，完成消费。

团购带货之所以如此火爆，主要是因为达人只需要发视频就能获得收益，而商家只需要发布任务就能获得客源，用户也能以优惠的价格购买到商品，可谓是互利共赢。本节主要介绍商家如何开通"团购带货"功能和达人如何申请团购带货。

1. 开通功能

团购带货为商家带来客流量的同时，也能提高店铺的知名度，商家想开通"团购带货"功能，首先需要开通一个企业蓝 V 账号。接下来，笔者为大家介绍具体的操作方法。

步骤 01 打开抖音 App 并登录，切换至"我"界面；点击右上角的█按钮；在弹出的列表框中选择"抖音创作者中心"选项，如图 8-1 所示。

步骤 02 执行操作后，进入创作者中心界面，点击"全部"按钮，如图 8-2 所示。

步骤 03 执行操作后，弹出"我的服务"界面，点击"企业号开通"按钮，如图 8-3 所示。

步骤 04 执行操作后，进入"试用企业号"界面，如图 8-4 所示，商家可免费试用企业号。

蓝 V 账号开通后，商家要认领店铺才能发布团购任务。认领店铺的操作很简单，商家在抖音中输入并搜索店铺；切换至"地点"选项卡；选择相应店铺，如图 8-5 所示。进入店铺主页，点击右上角的███按钮；在弹出的列表框中选择"商家认领"选项，如图 8-6 所示。进入"门店选择"界面，根据提示进行门店选择和资质信息填写，填写完成后提交申请等待审核。审核通过后，商家就可以创建团购了。

如果商家在抖音 App 中搜索不到自己的门店地址，那可能是因为还没有在高德地图上认领门店，此时商家要先去高德地图进行商家认领。

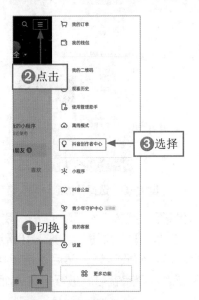

图 8-1　"我"界面

图 8-2　"抖音创作者服务中心"界面

图 8-3　"我的服务"界面

图 8-4　"试用企业号"界面

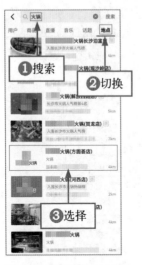

图8-5　选择相应店铺

图8-6　选择"商家认领"选项

　　商家可以打开高德地图App并登录，切换至"我的"界面，点击"我的店铺"按钮，如图8-7所示。进入相应界面，点击"立即入驻"按钮，如图8-8所示。进入"新增门店"界面，根据提示填写相关信息，进行资质认证，然后等待审核，审核通过即可完成认领。在高德地图中认领好店铺后，商家就可以进行抖音App的商家认领，开通"团购带货"功能。

图8-7　"我的"界面

图8-8　点击"立即入驻"按钮

2. 申请条件

商家发布团购任务后，用户可以申请成为团购达人，通过发布带位置或商品的视频来获得现金返佣奖励。想申请团购带货，用户账号的粉丝量不能小于 1000，这里要求的粉丝量指的是抖音账号的纯粉丝量，不包括绑定的第三方账号粉丝量。用户如果想查询账号的粉丝量，可以在"我"界面中点击"粉丝"，进入相应界面，查看账号的粉丝量。

用户打开抖音 App 并登录，进入创作者中心界面，点击"全部"按钮，即可弹出"我的服务"面板，然后点击"团购带货"按钮，如图 8-9 所示。执行操作后，进入"申请团购带货"界面，如图 8-10 所示，如果用户的账号满足条件，点击"申请团购带货"按钮即可。

图 8-9 "我的服务"页面 图 8-10 "申请团购带货"界面

8.1.3 参与团购带货的 3 个步骤

达人想通过团购带货获得佣金收益，只需要在发布视频时添加相应的位置或团购商品，等用户通过视频点击并购买商品，到店使用后，达人就可以获得现金收益。下面笔者就为大家介绍参与团购带货的 3 个步骤。

1．发布带位置的视频

参与团购带货的第一步，就是发布带位置的视频作品。达人挑选好推广门店或带货商品后，就可以拍摄制作视频并发布了。这一步有两个重点需要达人特别注意，一个是制作高质量且相关性高的视频，另一个是发布作品时要带上位置。

1）制作高质量且相关性高的视频

制作高质量的视频有利于提高达人的返佣收益。因为位置信息在视频中显示的范围较小，所以用户会不会点击查看甚至购买商品，很大程度上取决于达人视频质量的高低。视频质量越高，用户购买商品的概率就越高，达人获得的佣金自然越高。

想制作高质量的视频，达人可以从策划视频内容和视频后期剪辑两个方面入手。策划视频内容时达人要注意视频内容与团购商品的相关性。相关性越高，用户的信任度才会越高；如果相关性很低或者完全不相关，用户就很难对团购产生信任，购买商品的概率也会变低。视频拍摄完成后达人可以使用剪映 App 进行剪辑，并为视频添加音乐、字幕、贴纸、滤镜和特效等元素，丰富视频内容，增加团购商品的吸引力。

2）发布作品时带上位置

视频制作完成后，就可以发布视频了。达人发布视频时一定要记得带上位置，否则就无法获得收益。需要注意的是，选择门店或商品时，达人一定要选择有商品的门店或有佣金的商品，否则即使用户购买并使用了商品，达人也不会有现金奖励。

2．购买团购商品

视频发布完成后，只要用户从视频中购买商品并完成使用，达人就可以获得返佣收益。那么，用户如何购买并使用团购商品呢？

用户在观看视频时，如果对团购商品感兴趣，可以点击视频中的绿色店铺信息标签，进入店铺主页查看店铺信息、团购商品和打卡视频，如图 8-11 所示。

图 8-11　进入店铺主页

用户如果想购买商品，只需在店铺主页中点击相应商品，进入商品详情界面，点击"立即购买"按钮，如图 8-12 所示。进入"确认订单"界面，点击"提交订单"按钮，如图 8-13 所示，支付完成后即可。

图 8-12　商品详情界面

图 8-13　"确认订单"界面

用户购买成功后，可以在"我"界面中点击 ☰ 按钮，在弹出的列表框中选择"我的订单"选项，进入相应界面，点击"我的订单"按钮，在"全部订单"界面中查看商品信息。如果用户想使用商品，只需要在规定时间内前往相应的门店出示商品码或商品券，店家核销订单即可完成消费。

专家提醒

核销指的是用户出示团购商品券码后，店员根据流程对订单信息进行核实和注销的操作。只有完成核销，订单才会显示为已完成状态，用户才能获得购买的商品，店家才算售出商品，达人也才会有佣金奖励。

3. 查看返佣奖励

返佣奖励只有用户完成到店使用后才会发放，达人要等待团购核销后 10 分钟才能看到更新的订单和佣金收益。达人可以单独查看返佣收益，但无法单独提现，只能先将返佣收益进行结算，结算完成后再将账号的累计收益提现到自己的账户。接下来，笔者为大家介绍达人查看返佣奖励和提现累计收益的操作方法。

步骤 ①　达人进入抖音创作者中心界面，点击"团购带货"按钮，如图 8-14 所示。

步骤 ②　进入"团购带货"界面。点击"去提现"按钮，如图 8-15 所示，即可进入"返佣奖励"界面，查看账号的返佣奖励。

步骤 03 如果达人想将收益提现至个人账号，可以在"返佣奖励"界面中点击"结算"按钮，如图 8-16 所示，根据提示进行操作，即可完成提现。

图 8-14 点击"团购带货"按钮　　图 8-15 "团购带货"界面　　图 8-16 "返佣奖励"界面

8.2 抖音团购的运营技巧

抖音是团购电商的代表平台之一，所以掌握如何在抖音上进行团购带货也很重要。有些用户虽然已经成了团购带货达人，但对于带货有什么好处、如何提升带货能力以及怎样制作好的带货视频还是一知半解。本节笔者主要介绍抖音团购带货的拍摄与剪辑技巧和运营技巧，帮助达人提升销量，增加收益。

8.2.1 拍摄与剪辑技巧

团购带货是依靠达人发布的视频来引起用户的注意并激发用户购买欲的，所以拍摄和制作带货视频就成了团购带货的重要环节。如果达人不知道拍什么内容或不知道什么样的内容是合规内容，可以点击"团购带货"界面右上方的智能客服按钮，执行操作后，点击"新人必读"按钮，如图 8-17 所示，即可查看平台关于团购带货的新手课程，如图 8-18 所示。

如果达人想提高订单的完成量，获得更多现金返佣奖励，就要在遵循内容规范的基础上掌握一些团购带货视频的拍摄技巧，提高视频的质量和吸引力。下面笔者以拍摄餐饮行业的探店视频为例，根据拍摄顺序介绍相应的拍摄技巧。

图 8-17　智能客服界面

图 8-18　查看团购带货的新手课程

1. 了解周边环境

拍摄店铺外景包括店铺的周边环境和店铺的门面，一方面可以让探店视频的内容更完整，另一方面也可以让用户了解店铺的周边环境，提高信任度。

图 8-19 所示为展示店铺人气的视频示例。达人通过拍摄店铺的门牌和店铺外排队的人群，展示出店铺的人气之高，让用户产生从众心理，提高用户下单的概率。

图 8-20 所示为方便用户寻找店铺的视频示例。由于店铺的门面较小，达人对店铺外观的拍摄有利于用户更快地找到相应的门店。

图 8-19　展示店铺人气的视频

图 8-20　方便用户寻找店铺的视频

2. 抓住店铺特点

拍摄完店铺外景，就可以进入店铺，拍摄店铺内的环境。拍摄店内环境有利于帮助用户了解店铺，增强用户的代入感。

达人拍摄店内环境时要抓住并放大店铺的特色，加深店铺在用户脑海中的印象。图 8-21 所示为一家泰国餐厅的探店视频，达人通过拍摄店铺内外具有东南亚特色的装饰和物品，向用户展示了浓浓的泰国风情。

图 8-21　泰国餐厅的探店视频

3. 刺激用户食欲

拍摄食物的制作过程一方面可以让用户了解食物的制作环境；另一方面可以通过食物的变化激起用户的食欲，吸引用户下单。

拍摄食物制作过程时达人可以根据食物的类型和制作方法选择重点展示食物的变化或制作者的手法，突出食物制作过程中的亮点，如图 8-22 所示。展示食物的变化包括食物的颜色、大小、形态等方面，如拍摄油炸食品，可以重点拍摄食物在油锅中的起伏、炸制过程中食物的气泡和声音等。展示制作者的手法可以拍摄食物成形的过程，如拍摄拉花咖啡，可以重点拍摄咖啡师拉花的过程。

需要注意的是，有些店铺的食物制作过程可以直接看到，达人拍摄起来很方便；而有些店铺是在后厨进行制作，这种情况下达人可以不拍摄食物的制作过程，直接拍摄食物成品。

4. 体现物超所值

菜品上完后，达人可以拍摄所有菜品的全景，并对菜品的价格和数量进行强调，给用户一种物超所值的感觉，激发用户的购买欲。

图 8-22　突出食物制作过程中的亮点

达人在拍摄前最好调整菜品的摆放位置，使拍摄出的画面更加美观、整齐。如拍摄火锅套餐，可以将菜品围绕火锅进行摆放，这样既可以清楚展示菜品的多少，也可以营造出吃火锅的热闹氛围，如图 8-23 所示。

图 8-23　拍摄火锅套餐

5. 单独拍摄食物

对全部菜品进行拍摄后，再对每一道菜品进行单独拍摄，增加食物的诱惑力；达人还可以在拍摄时配合一些动作，以便更好地进行展示。

图8-24所示为单独拍摄菜品细节的视频示例。一个采取静态特写的方式，另一个则采取动态的拍摄方式，拍下了为牛排淋上酱汁的过程，两者都能起到引起用户食欲的作用。

图8-24　单独拍摄菜品细节的视频示例

6. 进行客观评价

前面的拍摄都只是铺垫，食物的品尝过程才是探店视频的重点，达人要仔细拍摄品尝过程，并作出客观评价。

图8-25所示为两种拍摄美食品尝体验的方式。达人在拍摄时可以选择真人出镜，也可以选择将镜头一直对准食物。

选择真人出镜的达人可以整个上半身出镜，也可以只有脸的下半部分出镜，只要能拍摄到食用过程就可以了，注意镜头和人的距离要适中，能看清达人的脸部表情即可。这种方式可以让用户更直接地看到达人的反应，更加真实，也更具有说服力。不过真人出镜对达人的吃相有一定要求，要在保证干净卫生的同时作出恰当的反应。

如果达人不想出镜，也可以选择将镜头对准菜品或餐盘，在品尝菜品时先夹起一块凑近镜头进行展示，再进行品尝，最好只吃一半，再在镜头前展示咬开后的食物内部。这种方式可以更好地展示食物整体样貌，让用户的注意力集中在食物上。

图 8-25 两种拍摄美食品尝体验的方式

达人在品尝完每道菜品后要给出相应的评价，评价可以包括食物的口感、味道以及口味推荐等，如很辣的菜，达人可以推荐能吃辣的用户品尝，提醒不能吃辣的用户要注意。达人的评价一定要客观真实，否则一旦用户发现作假，就会引起用户的反感，对达人后续的带货也会产生不好的影响。

7. 作为亮点展示

店铺的服务是加分项，如果达人觉得店家的服务很贴心、很周到，可以拍摄一些服务的片段，作为店铺的亮点之一进行展示。不过达人在拍摄时要注意避开服务人员的脸，否则就需要征得服务人员的同意后再进行整体拍摄。

8. 制作完整视频

拍摄完成后，就要用剪辑软件将拍摄的视频片段进行整合和剪辑，制作出完整的探店视频。达人在剪辑视频时要注意以下 5 个方面。

1）视频时长

视频的时长不宜过长，否则用户会没有兴趣看完；也不宜过短，否则无法完全展示拍摄好的内容。达人可以选取各段素材的精彩片段，将总时长控制在 1 ～ 2 分钟，这样用户就不会因为时长过长失去观看的兴趣，也不会因为视频过短难以抓住重点。

2）视频调色

由于天气、店铺灯光等原因，拍摄出的视频画面可能不够好看，因此达人可以通过添加滤镜、调节参数来改善画面色彩。需要注意的是，达人只能对画面色彩进行修正，使其更贴近食物颜色，而不能为了让画面更好看不断地添加滤镜和调节效果，使得视频无法反映出食物的真实状态，对于用户来说会有一种被欺骗的感觉，从而降低其对达人账号的信任度。

3）添加解说和背景音乐

达人拍摄视频时可能会将周围的杂音一起录制进去，在剪辑视频时一定要记得将视频的原声关闭，否则会影响视频效果。此外，如果达人在拍摄过程中对食物进行解说，解说效果并不会很好，所以达人最好在剪辑时通过录音为视频添加解说。解说的内容包括店铺的地址和环境、食物的价格和数量以及对食物的评价等，解说要突出店铺和食物的特点，从而增加团购商品的吸引力。

除了为视频添加解说，还需要为视频添加背景音乐。背景音乐的音量不能过高，否则会盖过解说的声音，影响解说效果；也不能过低，否则无法起到烘托氛围的作用。达人可以根据店铺和视频内容挑选背景音乐，如店铺环境比较休闲轻松，视频内容也比较欢快，可以添加节奏感强的背景音乐。

如果想丰富视频内容，还可以在视频的合适位置添加音效，突出重点内容。不过音效不能添加太多，否则视频会显得很杂乱，从而影响用户的观感，音效的音量也不要太高，避免显得突兀。

4）添加字幕

字幕是达人向用户介绍店铺和食物的重要工具，在视频的合适位置添加字幕可以起到提醒和突出重点的作用。字幕不需要和解说完全一致，否则就会因为字数过多而让用户难以发现重要信息，但是也不能和解说完全不一样，否则会对用户的观看体验造成不好的影响。

达人要将想传达的重点信息作为字幕在视频中进行展示，如店铺的详细地址和营业时间、套餐的价格和数量以及单个食物的名称和价格等。将字幕放在合适的位置才能更好地发挥其作用，如单个食物的名称和价格适合放在食物细节片段或食物品尝过程中，这样能让用户对菜品和价格更了然于心。

5）片头片尾

好的片头要起到引起用户观看兴趣的作用，达人可以剪辑出一段时长为 10s 左右的精彩片段作为片头，并配上相应的团购带货商品信息，让用户在被片头画面吸引的同时能够了解商品信息，如图 8-26 所示。

如果视频没有片尾，会有一种没有结局的突兀感。为了让视频更完整，达人可以拍摄一些空镜头，配合字幕或贴纸制作视频片尾。例如，达人可以拍摄和朋友碰杯的镜头，配上字幕暗示结束，如图 8-27 所示。

<table>
<tr><td>图 8-26　探店视频片头案例</td><td>图 8-27　探店视频片尾案例</td></tr>
</table>

图 8-26　探店视频片头案例　　　　图 8-27　探店视频片尾案例

8.2.2　具体的运营技巧

要想获得更多的现金返佣奖励，达人就要提高自身的带货能力，掌握一定的运营技巧。下面笔者为大家介绍 5 种运营技巧。

1. 提升团购带货等级

团购带货等级是达人带货能力的体现，等级越高，可享受的权益就越多。团购带货等级一共有 6 级，完成团购带货任务可以获得带货等级分，等级分达到一定要求后可以提升带货等级，不同等级需要达到的最低等级分如表 8-1 所示。

表 8-1　不同等级需要达到的最低等级分

团购带货等级	需要达到的最低等级分
LV1	50 分
LV2	100 分
LV3	300 分
LV4	600 分
LV5	1000 分
LV6	1500 分

达人想获得等级分，就要完成团购升级任务。平台以30天为一个周期，根据30天内任务的完成情况计算等级分，并在完成任务的第二天上午10点更新等级分，而达人的带货等级会在每周二根据等级分进行更新。需注意的是，周二更新的等级是平台根据周一上午10点更新的等级分进行评级。

在"团购带货"界面中，带货力（即等级分）显示在账号名称的下方，如图8-28所示。点击带货力图标，即可进入"我的能力"界面，如图8-29所示。

图8-28 "团购带货"界面

图8-29 "我的能力"界面

2. 查看视频带货数据

达人可以在"团购带货近30日数据看板"界面中查看视频带货数据。"业绩概览"选项卡中提供了团购交易额、订单量和团购券数等数据，而在"作品明细"选项卡中达人则可以查看短视频带货和直播带货的详细情况，方便达人对不同短视频的带货效果进行了解，找到更受欢迎的视频方向，进而提高带货能力。

3. 完成团购带货任务

达人想获得更多现金返佣奖励，就要提高自身的带货能力，增加订单量。完成团购带货任务是提高带货能力的有效方法之一，带货能力只有在实际带货过程中才能得到锻炼，达人完成团购带货任务的过程就是锻炼带货能力的过程。

完成团购带货任务并不是简单地挑选商品、制作并发布视频就可以了，达人要在完成团购带货任务的过程中多尝试不同的方法，在视频发布后关注视频数据和订单量，总结不同方法的优缺点，摸索出适合自己的带货方法。除此之外，达人还可以多尝试不同品类或价位的商品，再根据完成的任务情况总结出相应商品最有效的带货方法，拓宽自己的带货范围。

4. 学习模仿带货方法

为了提升带货能力，达人可以找到自己的对标账号，学习和模仿对标账号的带货方法。达人可以在"团购带货"界面中查看自己所在城市的团购达人榜，团购达人榜分别显示了"带货排行榜"和"带货飙升榜"两个榜单的前三名，如图 8-30 所示。

如果达人想查看完整榜单，可以点击相应榜单或"查看全部榜单"按钮，进入"团购达人榜"界面，如图 8-31 所示。每个榜单显示前 100 名的达人信息和达人自身的排名情况。达人还可以选择查看其他城市或全国的达人榜，如果想查看某一达人，只需要点击相应达人即可进入该达人的账号主页。

图 8-30　查看团购达人榜

图 8-31　进入"团购达人榜"界面

5. 查看优秀带货案例

如果达人不知道带货视频该怎么拍，可以查看优秀带货案例，学习其中的技巧并运用在自己的带货视频中。"优秀案例"界面中会显示近 7 日所在城市带货销量前 10 名的视频，达人点击想查看的案例，即可进入视频播放界面，界面会自动播放带货视频，如图 8-32 所示。

图 8-32　"优秀案例"界面

8.3　兴盛优选的运营技巧

提到团购电商，近几年快速发展的代表平台肯定有兴盛优选。兴盛优选是一个互联网零售平台，它依托实体便利店，通过"预售＋自助配送"的方式为用户提供服务。在此平台上，同一社区的用户通过团购下单，购买商品，从而获得更加低廉的商品价格。那么，如何在兴盛优选上进行带货呢？本节笔者将为大家介绍兴盛优选的相关运营技巧。

8.3.1　主要优势

作为新兴电子商务平台，兴盛优选发展迅速，其发展起来的原因更值得我们去学习。下面笔者主要介绍兴盛优选平台的一些优势。

1）购物方便

线下门店逐渐没落，主要原因就是随着互联网的发展，人们不一定要外出购物了，线下的商品在线上都能找到，并且款式还更多。而且，在线上购物还有一个好处，就是省时省力，只需要一部手机就能解决这些问题。

2）价格实惠

在兴盛优选上的商品，价格都非常优惠，比平时在线下店购买的商品价格都要低，这是因为兴盛优选具有团购电商的特性。通过社区团购的方式，商品一起运送到线下门店，比平时单个的快递所需费用要低很多。这样，通过减少商品的物流配送费，来降低商品本身的费用。不仅让用户感到实惠，也能让商户赚钱。

8.3.2 运营技巧

使用兴盛优选购物非常简单，但是作为运营者，应该如何获益呢？主要有两种方法：一种是销售产品获得提成，就是自己成为供应商，销售产品；另一种是作为自取平台获得提成，也就是成为线下的门店老板。下面笔者将为大家进行详细的介绍。

1. 成为供应商

兴盛优选上的供应商是指提供销售商品的人，也就是说如果你想要卖东西就可以选择这个方式。简而言之，你有商品，就可以选择成为供应商，在兴盛优选平台上进行卖货。接下来，笔者将为大家介绍成为供应商的具体操作方法。

步骤 01 打开微信 App，在微信小程序搜索"兴盛优选"，执行操作后，在搜索结果界面选择"兴盛优选"选项，如图 8-33 所示。

步骤 02 进入"兴盛优选"小程序界面，点击"我的"按钮，如图 8-34 所示。

图 8-33　"兴盛优选"搜索结果界面

图 8-34　"兴盛优选"小程序界面

步骤 03 进入"我的"界面后，点击"供应商招募"按钮，如图 8-35 所示。

步骤 04 执行操作后，会弹出一个对话框，点击"允许"按钮，如图 8-36 所示。

图 8-35　"我的"界面

图 8-36　弹出对话框

步骤⑤　执行操作后，进入"兴盛优选供应商招募"界面。根据自身情况，选择合适的供应商选项。笔者在这里以第一个选项为例，点击"申请入驻"按钮，如图 8-37 所示。

步骤⑥　输入手机号和验证码，勾选"我已阅读并同意《用户协议》、《隐私政策》"复选框，点击"下一步"按钮，如图 8-38 所示。

图 8-37　"兴盛优选供应商招募"界面

图 8-38　报名入口界面

步骤⑦　执行操作后，进入"招募区域"界面，选择适合自身情况的区域，点击"下一步"按钮，如图 8-39 所示。

步骤⑧　执行操作后，进入"主营类目"界面，主营类目主要包括"生鲜类"

"食品类"和"非食品类"三大主类，在这三大主类下面还有一些详细的分类。选择其中一个类目；点击"下一步"按钮，如图 8-40 所示。

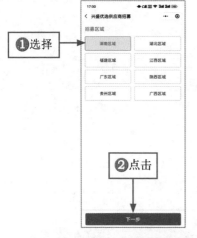

图 8-39　"招募区域"界面

图 8-40　"主营类目"界面

步骤 09　执行操作后，在"类目选择"选项下，选择一个类目，并勾选右侧的复选框；点击"下一步"按钮，如图 8-41 所示。

步骤 10　执行操作后，在"主营商品"选项下，输入主营商品及其图片；点击"下一步"按钮，如图 8-42 所示。

图 8-41　"类目选择"选项

图 8-42　"主营商品"选项

执行完上述操作后，就会进入到"公司信息"的填写界面，按照这个顺序，填写完"结算信息"后即可完成供应商报名。因篇幅限制，笔者就不再赘述了。完成报名后，如果通过了审核，就会在3天内收到兴盛优选的相关回复。

除了上述这种方法之外，我们还可以直接在微信小程序上面搜索"兴盛优选供应商招募"，完成报名的步骤。

专家提醒

在进入供应商招募报名界面后，可以点击"查看入驻指引"按钮，如图8-43所示，提前查看入驻的相关说明。图8-44所示为入驻的相关说明。

图8-43 点击"查看入驻指引"按钮

图8-44 准备入驻说明

2. 成为门店老板

兴盛优选平台上的门店老板是指为商品提供取货服务的人，用户在兴盛优选上面购买预售商品，供应商发货后统一送到你的门店，老板需要在线上通知用户自提。成为门店老板的6个好处，如图8-45所示。

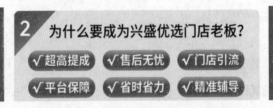

图8-45 成为门店老板的6个好处

门店是连接供应商和消费用户的渠道，是兴盛优选平台不可或缺的条件之一。

接下来，笔者将为大家介绍成为门店老板的具体操作方法。

步骤 01 进入"兴盛优选"小程序，在"我的"界面中，点击"成为门店老板"按钮，如图 8-46 所示。

步骤 02 执行操作后，弹出一个对话框，点击"允许"按钮，如图 8-47 所示。

图 8-46 点击"成为门店老板"按钮

图 8-47 点击"允许"按钮

步骤 03 在页面上方填写相关信息；勾选"我已阅读并同意用户服务协议、隐私政策"复选框；点击"立即成为门店老板"按钮，如图 8-48 所示。

步骤 04 进入"门店报名申请"界面，如图 8-49 所示。填写好相关信息，点击"提交"按钮即可。

图 8-48 门店老板报名信息填写界面

图 8-49 "门店报名申请"界面

完成上述操作后，即可完成报名。公司审核通过后，会通知其参加面签，然后再搭建群聊，即可完成门店上线的步骤。图 8-50 所示为成为优秀门店的步骤。

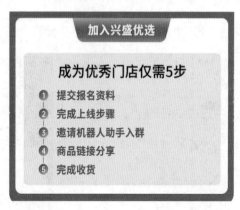

图 8-50　成为优秀门店的步骤

完成门店上线后，我们可以直接搜索"兴盛优选门店端"小程序，进入门店后台，运营和管理自己的门店。图 8-51 所示为通过搜索"兴盛优选门店端"小程序进入门店后台。

图 8-51　通过搜索"兴盛优选门店端"小程序进入门店后台

第 9 章

私域电商：打造专属流量池

学前提示

　　私域电商是以私域流量为载体而开展的各种电子商务，主要代表平台有微信和社群等。

　　本章笔者将为大家讲解私域电商的相关内容，以及微信和社群等主要平台的运营技巧，来帮助大家更好地了解私域电商。

要点展示

➢ 全方面了解私域电商

➢ 微信的运营技巧

➢ 社群的运营技巧

9.1 全方面了解私域电商

在传统电商初期，商家获得大量流量红利，做什么生意都能快速做大做强，导致他们忽视了用户的运营管理。而如今，传统电商的流量红利已经褪去，获客成本大幅增加，新的流量越来越少，此时商家才意识到用户运营的重要性，但往往是悔之晚矣。

不管是哪种红利，都有一定的时限，不可能一直存在。因此，商家布局私域，往往都是形势所逼。私域电商的出现，让商家更加重视用户的价值，而不再是单方面地追求转化和购买。商家要做的就是通过私域流量运营，来提升用户的复购率，甚至让老用户带来新的用户。本节笔者就为大家讲解私域电商的相关内容。

9.1.1 正确理解私域电商

私域电商是指商家通过社交媒体与用户进行沟通和互动，并促使用户下单来完成商品的交易，从而使商家摆脱对电商平台的流量依赖。

1. 私域电商的流量价值

私域流量池是 2018 年非常火爆的一个词，其大意就是把用户"圈"到自己的自媒体或者社群平台中，从而与用户产生更强的关联，提高他们购买产品的概率。

私域流量池最大的价值在于大大降低了流量成本，过去的传统电商可以把一件产品卖给 100 个人，而私域电商则可以把 100 件产品卖给同一个人，这样不仅大幅降低了流量成本，而且还极大地提升了客单价，使用户价值得到了提升。

2. 私域电商的选品要求

私域电商对于选品也有一定的要求，包括"两个必要条件和一个基本特点"，具体介绍如下。

1）必要条件 1：高毛利

因为微信个人号、社群、朋友圈等私域流量池并不是真正意义上的电商平台，因此用户的购物需求并不旺盛，他们通过微信购买其中的东西，大多时候是一时兴起。因此，商家要尽可能围绕消费者诉求找一些高单价、高毛利的产品，这样才能够保证自身的利润。

在选择货源方面，建议商家无论想卖什么，或者在卖什么，都一定要选择正品货源。其次是品类定位，建议商家选择自己喜欢的产品去做，一般都不会差。因为你喜欢这款产品，所以自然而然也会全心投入地去经营这款产品。

销售额的计算方法为单价乘以成单量，而利润又与销售额直接挂钩，所以这两个变量很重要。薄利多销并不适合刚起步做私域电商的用户，因为无论是出于经验还是资源考虑，都不可能短时间获得大量的订单，所以就要控制合理的"高"单价，然后通过其他的附加福利，辅助自己的销售。

2）必要条件2：成本不透明

通常情况下，成本越是透明的产品，对消费者的好处就越多，而对商家则就没什么好处了，因为价格总会被压得很低，商家获得的利润就会少很多。

而成本不透明的产品，商家可以掌握更多的价格自主权，比较常见的有化妆品、眼镜、保健品、美容养生用品和网络游戏等。通常情况下，商家想要利润空间大，除非自己是生产商。因此，有条件的商家可以自创品牌，或者代理一个区域的品牌授权，减少竞争者，这样就能够灵活定价，获得更大的利润空间。

3）基本特点：高复购率

社交媒体的定位并不是卖货，因此商家可以选择一些复购率较高的产品，吸引用户长期购买，提升客户黏性，避免付出过高的引流成本。

成功的私域流量商家大部分利润都是来自老客户的，所以商家要不断提升产品竞争力、品牌竞争力、服务竞争力和营销竞争力，促进客户的二次购买，甚至实现长期合作。要做到这一点，关键就在于货源的选择，商家必须记住一句话，那就是"产品的选择远远大于盲目的努力"，因此要尽可能选择一些能够让粉丝产生依赖的货源。

精准地掌握用户刚需，牢牢把握住市场需求，这是所有做私域电商的人都必须具备的敏感技能。任何商品最后都需要卖出去、卖给客户，才能获得相应利润。那么，为什么他们要买你的产品呢？最标准的答案就是，你的产品或服务能够满足他的需求，解决他面临的难题、痛点。例如，共享单车的出现，解决了人们就近出行的刚需难题，因此很快就火爆起来。

专家提醒

刚需是刚性需求（Inelastic Demand）的简称，是指在商品供求关系中，相对于弹性需求受价格影响较小的需求。从字面可以理解，"刚需"就是硬性的，人们生活中必须要用的东西。对于私域电商的产品选择来说，只有将用户痛点建立在刚需的基础上，才能保证用户基数足够大，而不是目标人群越挖越窄。

3. 私域电商的概念解析

认识到私域电商的流量价值和选品要求后，那么，私域电商到底是什么？我们不妨把它的字面意思拆解一下，具体如下。

（1）私域：私域简单理解就是指"私人生活领域"，即以个体独立人格为基础的私人或私人间活动界域。

（2）电商：电子商务的简称，即在互联网上通过电子交易的形式进行交易活动和相关服务活动。

私域和电商结合，初看之下是限制了电商的范围，但其实是扩大了电商的领域，让电商进入了很多的社交私域空间中，这些空间以前都是封闭的。例如，"多人团"就是拼多多推出的一种深入私域流量领域的电商功能，加入了大量的社交玩法，来刺激用户多级分享裂变，帮助拼多多商家引流，如图9-1所示。

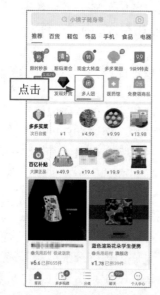

图9-1　拼多多的"多人团"界面

因此，私域电商的概念还离不开社交属性，在私域环境下，大家都是"熟人"或者"半熟"的关系，这样也给电商行为提高了用户黏性，其传播力度和转化效果都会高于传统电商。

9.1.2　私域流量的好处

对于商家来说，打造私域流量池，就等于你有了自己的"个人财产"，这样你的流量会具有更强的转化优势，同时也有更多的变现可能。下面笔者将介绍私域流量模式的优势所在，探讨这种流量模式对于大家究竟有哪些好处。

1. 让营销成本直线降低

以往我们在公域流量平台上做了很多付费推广，但是却并没有与这些用户产生实际关系。例如，淘宝商家想要参与各种营销活动来获取流量，就需要交纳各种保证金。但是，即使商家通过付费推广来获得流量，也不能直接和用户形成强关系，用户在各种平台推广场景下购买完商家的产品后，又会再次回归平台，所以这些流量始终还是被平台掌握在手中。

其实，这些付费推广获得的用户都是非常精准的流量。商家通过与用户进行沟通、接触，可以将他们引导到自己的社群中，然后再通过一些老客维护活动来增加他们的复购率。

同时，这些老客的社群也就成了商家自己的私域流量池，而且商家可以通过朋友圈的渠道来增加彼此的信任感，有了信任就会有更高的成交量。这样，商家以后不管是推广新品，还是做清仓活动，这些社群就成了一个免费的流量渠道，这样就不必再去花钱做付费推广了。

因此，只要我们的私域流量池足够大，是完全可以摆脱对平台公域流量的依赖的，这就让我们的营销推广成本大幅降低。

专家提醒

对个人而言，可以通过社群轻松与商家交流，通过有效的推荐机制，能迅速找到好的产品及众多实用资讯。

对商家而言，私域流量下的社群可以节省大量的推广费用，好的产品会引发社群用户的自发分享行为，形成裂变传播效应。同时，商家可以通过运营私域流量，与用户深入接触，更加了解用户的需求，打造更懂用户的产品。

2. 让投资回报率大幅提升

公域流量中的大部分流量其实是非常不精准的，是会白白浪费掉的，因此整体的转化率非常低。而这种情况在私域流量平台是可以很好地规避掉的，私域流量通常都是关注你的潜在用户，不仅获客成本非常低，而且这些平台的转化率也极高。

笔者做了一个对比，让大家对于公域流量和私域流量的范围，以及精准性能有更好的了解，如图9-2所示。结果显而易见，既然用户都走到自己的店铺中，那么他必然也是比大街上的人有更大的消费意愿的，因此商家更容易与他们达成成交，所以私域流量的投资回报率自然也会更高。

同时，只要你的产品足够优质，服务足够到位，这些老顾客还会自发地成为你的推销员，他们会乐于去分享好的东西，以证明自己独到的眼光。这样，商家就可以通过私域流量来扩大用户规模，提升价值空间。

图 9-2　公域流量和私域流量的举例说明

3. 避免已有的老客户流失

除了拉新外，私域流量还能够有效避免已有的老客户流失，让客户的黏性翻倍，快速提升复购率。在私域流量时代，我们不能仅仅依靠产品买卖来与用户产生交集，如果你只做到了这一步，那用户一旦发现品质更好的、价格更低的产品，他会毫不留情地抛弃你的产品。

因此，在产品之外，我们要与用户产生感情的羁绊，打造出强信任关系。要知道人都是感性的，光有硬件的支持是难以打动用户的。再者，用户更多注重的是精神层面的体验。

我们要想打响自身品牌、推销产品，就应该在运营私域流量时融入真情实感，用情感来感化用户，重视情感因素在营销中的地位。最重要的是，了解用户的情感需求，引起共鸣，使用户不断加深对企业和产品的喜爱之情。

例如，笔者经常会在微信群中做一些企业内训的分享，就是为了加深与大家的情感交流，如图 9-3 所示。这样做既赢得了微信好友的注目，同时也击中了一些老顾客的情感痛点。

专家提醒

　　在体验中融入真实情感是企业打造完美消费体验的不二之选，无论是从消费者的角度，还是从企业的角度，都应该认识到情感对产品的重要性。为了树立产品口碑，向更多的老顾客推销新产品，用情感打动人心虽然不易，但只要用心去经营，得到的效果就是深远而持久的。

也就是说，私域流量绝不是一次性的成交行为，用户在买完产品后，还会给我们的产品评论或点赞，因此可以参加一些后期的活动，来加深彼此的关系。在这种情况下，即使对手有更好的价格，用户也不会轻易抛弃你，因为你们之间是有一定感情基础的。甚至用户还会主动给你提一些有用的建议，来击败竞争对手。

图 9-3　通过微信群分享内容增加情感连接

因此，我们一定要通过私域流量平台的互动，来积极连接用户。例如，淘宝逛逛（如图 9-4 所示）就是一种不错的互动方式，商家可以通过直播、短视频和图文等内容形式，来增强老客户的稳定性，使其更难流失。

图 9-4　淘宝商家可以通过淘宝逛逛来与粉丝互动

4. 对塑造品牌价值有帮助

塑造品牌是指企业通过向用户传递品牌价值来得到用户的认可和肯定，以达到维持稳定销量、获得良好口碑的目的。通常来说，塑造品牌价值需要企业倾注很大的心血，因为打响品牌不是一件容易的事情，市场上生产产品的企业和商家千千万万，能被用户记住和青睐的却只有那么几家。

品牌具有忠诚度的属性，可以让用户产生更多的信任感。通过打造私域流量池，可以让品牌与用户获得更多接触和交流机会，同时为品牌旗下的各种产品打造出一个深入人心的形象，然后让用户成为这些产品忠实的粉丝，成功打造爆品。

以丹麦的服装品牌 ONLY 为例，其品牌精神为前卫、个性十足、真实、自信等，很好地诠释了产品的风格所在。同时，ONLY 利用自身的品牌优势在全球开设了多家店铺，获得了丰厚的利润，赢得了众多消费者的喜爱。

5. 激励客户重复购买，形成终身价值

私域流量是属于我们个人的，和平台的关系不大。这就是为什么很多直播平台要去花大价钱来签"网红"主播，因为这些"网红"主播自带流量，直播平台可以通过与他们签约来吸收他们自身的私域流量。

专家提醒

> 私域流量是可以跨平台和重复利用的，这一个好处自然也会延伸到其他领域，这些粉丝的忠诚度非常高，可以形成顾客终身价值（指每个购物者在未来可能为企业带来的收益总和）。

9.1.3 强调"用户关系"

私域流量绝不是简单的通讯录好友名单，而是具有人格化特征的流量池，每个私域流量池都具有自己的标签，这个标签也是由流量主赋予的，而流量主则可以反复地利用这些私域流量。

当然，要做到这一点，我们需要改变以往的流量思维方式。互联网时代奉行的是"流量为王"，而私域时代的主要核心是强调"用户关系"，因此我们要学会利用用户思维来运营私域平台的流量，如图9-5所示。

用户思维的关键在于获得用户信任，让你的私域流量池能够具有人格化特性。因此，私域流量池的打造也要学会掌握用户思维，切实从用户角度出发，把握自身用户群体的心理和需求。我们要运用用户思维，就要注意分析用户群体喜欢什么、需要什么，因为他们的喜好代表了大部分人群的喜好。只有深入到广大普通用户阶层中去，才能打造出大多数人喜欢的产品和内容，才能赢得粉丝青睐。

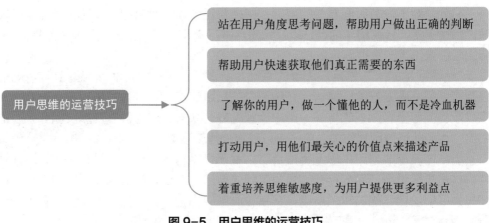

站在用户角度思考问题，帮助用户做出正确的判断

帮助用户快速获取他们真正需要的东西

用户思维的运营技巧

了解你的用户，做一个懂他的人，而不是冷血机器

打动用户，用他们最关心的价值点来描述产品

着重培养思维敏感度，为用户提供更多利益点

图 9-5　用户思维的运营技巧

例如，"手机摄影构图大全"微信公众号创始人构图君是一位构图分享者，他原创了 300 多篇构图文章，提炼了 500 多种构图技法，不仅数量多，而且极具深度。其通过摄影构图这个细分场景来打造私域流量池，聚集爱好手机摄影的用户，如图 9-6 所示。

为了让大家省时省心，利用碎片化的时间系统学习构图，构图君不仅每天在公众号上面分享文字，而且还从各个角度，策划主持编写了多本摄影图书，如《手机摄影大咖炼成术》《手机旅行摄影》以及《手机摄影：不修片你也敢晒朋友圈》等，解决不同场景下社群用户摄影的难点和痛点。

图 9-6　"手机摄影构图大全"微信公众号

另外，对于没有时间看书的用户，构图君还会通过手机微课直播来传递摄影知识，筛选干货，分享精华内容，以及和粉丝进行交流沟通。不管是朋友圈还是微课，构图君都聚集了一大批忠实粉丝。

"贴着标签的人"是用户思维的基础。所谓"贴着标签的人"，是指忠实粉丝，以及有共同兴趣爱好的一群人。在构图君的私域流量池中，内容传播就是图片、文章以及直播等摄影知识的传递，用户运营就是公众号、微信群以及朋友圈等媒介的引流，而商业场景则是图书、电子书以及直播等变现渠道。

当私域流量池与用户思维相融合时，就已经没有了"广告"的存在了，而是让社群成员直接觉得产品的存在，是为了解决自己的需求，社群成员会觉得产品的存在是为了解决自己的需求。所以，在私域流量池和用户思维的融合下，运营者一定要选择有创意、符合消费者需求，以及触发社群成员情感的产品。

私域流量是个人、企业、品牌、产品或者 IP 所拥有的免费流量，流量主拥有这些流量的自主控制权，而且能够反复利用。但是，私域流量的基础在于用户思维，基本核心是满足用户的体验需求，终极核心是让用户惊喜。因此，我们也需要及时纠正思维，将流量获取升级到用户留存，只有做到这些，你的私域流量池才能越来越大，越来越稳定。

9.1.4　私域流量的变迁

随着移动互联网的发展，人们的时间越来越碎片化，这样也导致了私域流量呈现出精细化和移动化的发展趋势。图 9-7 所示为私域流量的变迁过程。

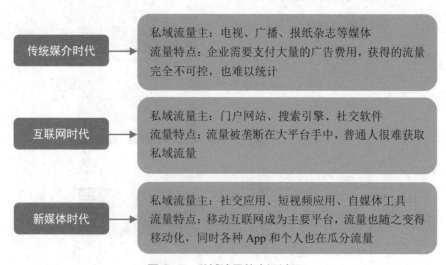

图 9-7　私域流量的变迁过程

在新媒体时代，每个人都可以拥有自己的私域流量，获得流量的方式也从过去的传统广告变成了内容营销。对于打造私域流量池来说，其中很重要的一个方向就是从内容的生产上下功夫。

随着各种内容的出现，在不同领域中诞生了各式各样的"网红"，他们不断细分私域流量，让私域流量朝着更加垂直细分的领域发展。因此，流量的商业逻辑已经发生质变，运营者必须快速布局，才能在私域电商领域有更多机会。

9.1.5　私域电商的运营技巧

发展私域电商需要商家有自己的私域流量池，对于商家的产品更重要的是能对这些流量进行高效率转化，不然流量变现不了，部分粉丝还会觉得自己没有受到重视，原有的流量池可能会缩小。那么，我们应该如何对私域流量池进行转化呢？下面笔者就来介绍相关运营技巧。

1. 将公域流量导入到私域流量池

在公域流量平台上，用户就是流量，你需要付费去购买，而且费用越来越贵；在私域流量池中，用户是你自己的，你不仅可以直接触达用户，还可以免费地反复利用。因此，我们都要将公域流量导入到私域流量池中，通过微信等平台来搭建属于自己的私域流量池。

同样，做电商必须要有客户，否则你的产品将会无人问津，事业也得不到发展。因此，电商创业必须要有流量场景，才能够将自己的货卖出去。商家可以通过短视频、直播以及自媒体等方式来圈粉，然后将这些粉丝导入自己的微信、社群，将公域流量导入到自己的私域流量池，并且积极与粉丝互动，强化彼此的关系，将私域流量池中的粉丝变成忠实客户。

1）打造封闭市场

公域流量平台的最大特征就是流量是开放式的，包括微博、今日头条和抖音等平台，我们很难获得相关的用户数据。而且，流量获取的成本也偏高。

所以，我们需要不断挖掘新的低成本市场。今日头条和抖音属于开放市场，而 QQ、微信群和个人微信号则属于封闭市场，这些渠道的流量成本目前都比较低。其中，个人微信号是一个很不错的封闭市场，具有以下特点，如图 9-8 所示。

商家可以通过多种方法将用户导入到自己的个人微信号中，而且成本非常低，甚至是免费的。如果你知道对方的个人信息，如手机号、QQ 号或者微信号等，则可以直接在微信的"添加朋友"功能中输入这些账号，然后点击"添加到通讯录"按钮，即可申请添加对方为好友，如图 9-9 所示。另外，微信上有一个便捷的工具，那就是"雷达加朋友"，这个方法能够同时添加多人，因此对于运营者在进行多人聚会等活动时加好友很有帮助。

运营者可以通过个人微信号集中管理用户

微信可以即时沟通和互动，与用户保持紧密的联系

个人微信号的私
域流量市场特点

微信中建立的多为私人关系，用户的忠诚度比其他平台更高

通过频繁沟通交互，沉淀的数据更精准、高效

图 9-8　个人微信号的私域流量市场特点

图 9-9　通过手机号添加好友

专家提醒

需要注意的是，在进行接下来的"验证申请"操作时，用户最好输入一个合理的添加理由，避免被对方拒绝。运营者可以把QQ号或手机号设成微信号，这样更利于沟通和添加。

目前，微信基本上就是网络上的联系方式了，有很多用户在各种网络平台上留下自己的微信号码，而这些人可能会有不同的需求，同时他们希望自己的微信号被其他人添加，如图9-10所示。因此，运营者可以在网络上寻找这种与产品相关的微信号码，主动添加他们为好友。

图 9-10　通过互联网留下微信号进行引流

另外，如果你不知道对方的个人信息，那么还可以通过微信的一些基本功能来添加陌生好友，比较常用的有"摇一摇""附近的人"等方式。

运营者可以利用现有的流量获取途径，将这些流量导入到自己的个人微信号中，打造一个封闭的私域流量环境，搭建私域流量池。这样，运营者不仅可以跟用户单独沟通，而且还可以通过发布朋友圈动态进行"种草"，不断提升用户对自己的信任度，同时也可以进一步提高用户的忠诚度，如图 9-11 所示。

图 9-11　通过朋友圈内容进行"种草"的示例

2）与用户建立关系和信任

私域流量的重点在于用户池的培养，通过运营私域流量池来运营用户，加深与用户的关系，提高自己的信任度，具体作用如下。

（1）提升 ROI（Return on Investment，投资回报率）。

在构建私域流量池时，虽然也需要付出一定的引流成本，但是私域流量池可以衍生出更多变现方式，可以给我们带来更高的收益，取得更高的投入产出比。私域流量池的重点在于精准的流量运营，然后把引进来的流量转化掉，可以减少无谓的推广成本，达到提升 ROI 的目的。

（2）提升 LTV（Life Time Value，生命周期总价值）。

将用户导入个人微信号搭建私域流量池后，我们可以不断地重复使用这些流量资源，提升 LTV，如图 9-12 所示。通过微信，我们可以与用户产生更亲密的连接，还可以基于产品做延展，不管是二次营销还是多元化营销，只要输出的内容不让人讨厌，就有助于销售。

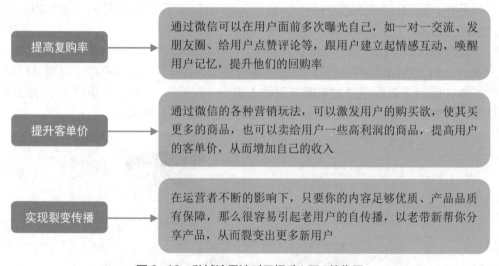

图 9-12　私域流量池对于提升 LTV 的作用

2．通过裂变进行引流

对于私域电商来说，流量增长是每个商家最重要的命题——因为没有精准的流量，商家就很难生存下去，这是一个很残酷的现实。好在，私域流量的兴起，让商家更容易获得流量，但这种流量是否长久，还要看商家的私域流量池是否足够大、足够活跃。接下来，笔者将介绍一些裂变引流的方法，让你的用户实现爆发式增长。

1）购买流量

有时候，我们不妨换个角度，站在巨人的肩膀上，也许可以看得更高更远。引流也是如此，运营者可以从那些"大 V"的私域流量池中捞流量。既然是私域流量，想必是非常私密的，普通人很难看到他们的粉丝。

当然，也有一条捷径，就是直接购买这些"大 V"的账号，这样他们的流量就变成自己的了。

例如，在鱼爪网平台上，可以收购很多新媒体账号，如头条号、微信公众号、微博号、百家号、抖音号和快手号等，如图 9-13 所示。

以公众号为例，运营者可以设置公众号类型（订阅号、服务号）、公众号类目、粉丝数量等筛选条件，选择符合自己定位的公众号来购买，实现私域流量的转化。

例如，从事汽车领域的运营者可以在"公众号类目"一栏中选择"汽车"类目，便能看到很多相关行业的公众号出售信息，选择一个账号进入其详情页面，即可看到出售价格、粉丝数量、粉丝单价、头条阅读量、男女比例、流量主收益以及账号数据等信息。

运营者可以先权衡一下，目前自己的粉丝流量成本是多少，购买这些私域流量账号来引流是否划得来，如果这种方法的引流成本更低，就可以考虑购买。

图 9-13 鱼爪网平台

专家提醒

如今，互联网上关于账号转让的信息非常多，在这些信息中，有意向的账号购买者一定要慎重对待，不能轻信，且一定要到正规的网站上进行买卖，否则很容易受骗上当。

2）间接转化

这种方式主要是通过"混群"或者去其他人的平台主页，通过主动加人，或者评论引导他的粉丝来加你等方式，实现间接转化他人的私域流量。

运营者可以多关注同行业或同领域的相关账号，评论他们的热门作品，并在评论中打广告，给自己的账号或者产品引流。例如，卖女性产品的用户可以多关注一些护肤、美容等相关账号，因为关注这些账号的粉丝大多是女性群体。用户可以到"网红大咖"或者同行发布内容的评论区进行评论，评论的内容可以直接复制粘贴引流话语。评论热门作品引流主要有两种方法。

（1）直接评论热门作品，其特点是流量大、竞争大。

（2）评论同行的作品，其特点是流量小，但是粉丝精准。

例如，做减肥产品的用户，可以在抖音搜索减肥类的关键词，即可找到很多同行的热门作品。用户可以将这两种方法结合一起做，同时注意评论的频率。还有评论的内容不可以千篇一律，不能带有敏感词。

评论热门作品引流法有两个小诀窍，具体如下。

（1）用小号到当前热门作品中去评论，评论内容可以写："想看更多精彩视频请点击→@你的大号。"另外，小号的头像和个人简介等资料都是用户能第一眼看到的东西，因此要尽量给人很专业的感觉。

（2）直接用大号去热门作品中回复："想看更多好玩视频请点我。"注意，大号不要频繁进行这种操作，建议一小时内评论2～3条即可，太频繁的评论可能会导致账号系统禁言。这么做的目的是直接引流，把别人热门作品里的用户流量引入到你的作品里，然后再转化为自己的私域流量。

3）推广合作

另外，运营者还可以通过与其他运营者合作，进行账号互推引流，也就是建立账号营销矩阵，强强联手，实现共赢。账号之间互推是一种快速涨粉的方法，它能够帮助运营者在短时间内获得大量的粉丝，效果十分可观。

图9-14为在微信朋友圈中互推引流的示例，互推时可以直接提供二维码图片，比提供微信号码更方便，只需要扫一扫，即可让有意向的客户或粉丝添加你为好友。

运营者在采用账号互推吸粉引流的时候，需要注意的一点是，尽量不要找同类目的账号互推，因为这样彼此之间会存在一定的竞争关系。因此，两个互推的账号之间尽量以存在互补性为最好。举个例子，你是做护肤产品的，那么在选择互推的账号时，就应该先考虑找那些做补水仪等仪器类的账号，通过这种资源互换的方式获得的粉丝会更有价值。

图9-14 微信朋友圈互推引流示例

9.2 微信的运营技巧

作为私域电商的代表平台之一，微信凭借其背后巨大的流量池，成了发展私域电商道路上不可忽视的力量。对于做私域电商的商家来说，一定要搭建自己的私域流量池，利用微信多做"回头客"生意。

9.2.1 开发新客户

商家必须要知道自己的客户在哪里，这是一个很重要的前提。如今，大部分商家都不再局限于淘宝等电商平台，已经开始使用各种社交渠道来引流，包括微信朋友圈、QQ空间、微博等。因此，在不同的社交渠道上，形成了独立的商圈，这些商圈中的客户大部分是分开的，也可能存在重叠的情况，从而导致流量分散得非常严重。

流量的分散，说明客户也是分散的，再加上社交应用上的电商交易环节并不完善，很多时候客户可能就是给你发个红包，然后就完事了。这样做虽然越过了电商平台的交易渠道和门槛，但是客户数据却变得更加难收集。所以，商家一定要通过微信来建立私域流量池，把客户集中到一个池子里，来集中管理所有的客户数据，并且跟他们建立稳固的客户关系。

当然，如果流量池比较大，商家用传统的手工方法去统计数据的话，就显得非常麻烦。此时，商家可以使用一些微信分销系统来辅助管理，主要辅助作用如图9-15所示。

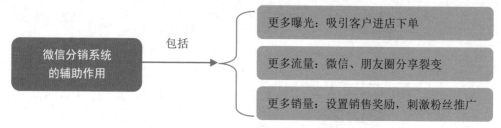

图9-15　微信分销系统的辅助作用

微信分销系统可以让客户通过朋友圈帮助商家卖货，不仅能提升销量，还可以将有效客户沉淀下来，刺激其不断复购。

9.2.2　维护老客户

对于那些开店时间长的商家来说，肯定都知道维护老客户的重要性。通常情况下，开发一个新客户需要花费的成本（这里包括了时间成本和金钱成本），等于维护10个老客户的成本。

同时，新客户为你带来的收入，往往比不上老客户。因此，商家需要通过私域流量的运营，做好老客户的维护工作，这样不仅可以让他们更信任你，而且还会给你带来更多的效益。维护老客户的主要作用具体如下。

（1）老客户是店铺的生存基础，可以保证你的基本利润。

（2）老客户信任度高，可以为商家节省更多时间成本。

（3）老客户有自己的行业圈子，是开发新客户的有效途径。

（4）向老客户推销产品时，成功率更高。

（5）提升顾客群体的转化率，保持长久的竞争优势。

对于社交电商来说，要想在这个领域发展得好，就需要不断地去开发新客户，而要想生存，则就需要持续维护老客户，获得更多的"回头客"生意。例如，在一些重要节点上，商家可以通过微信、短信通知老客户，提醒一下发货、物流、收件等信息。下面笔者重点介绍一些通过微信维护老客户的技巧。这些虽然只是一些小举措，但却能够增加客户对你的好感和信任。

（1）运用标签给客户打上"印记"，对用户进行分类。

（2）使用群发功能给特定客户群体发送不同的营销内容。

（3）用个性签名做广告，增强老客户对品牌的"印记"。

（4）通过客户的朋友圈动态了解用户消息，建立档案。

（5）建立微信社群，邀请优质老用户参与产品改进。

（6）做消费回访，询问他们的产品体验和遇到的问题。

老客户都是已经购买过产品或者熟悉产品的人，他们对于产品有一定的了解，商家可以进行定期维护，让老客户知道我们一直关心、在乎他们，以此来促进他们的二次消费。不管是哪个行业，商家都可以通过快速吸粉引流来短暂地增加商品销量，但如果你想要获得长期稳定的发展，并且形成品牌效应或者打造个人 IP，那维护老客户就是必不可少的一环。

9.3 社群的运营技巧

提到私域流量，最熟悉的交流方式就是社群。因为社群能把商家大多数的私域流量聚集在一起，形成自己的流量池。

商家想要通过社群盈利，实现私域流量变现，就必须了解社群变现盈利的方式。本节笔者将为大家介绍社群服务、社群广告两大重要的变现模式，帮助运营者在私域社群运营中收获红利。

9.3.1 直接绑定产品和消费者

运营者可以通过自建线上电商平台来提升用户体验，砍掉更多的中间环节，通过社群把产品与消费者直接绑定在一起。社群电商平台主要包括 App、小程序、微商城和 H5 网站等，其中"小程序 + H5"是目前的主流形式，可以轻松实现商品、营销、用户、导购和交易等全面数字化。

然而，很现实的一个问题是，许多商家依靠自身的力量是无法打造线上电商平台的。这主要是因为有两大难题摆在商家面前：一是没有自己的线上平台；二是没有足够的流量。当然，这两个难题实际上也是一个难题，那就是难以建立有影响力的线上电商平台。

通过"小程序 + H5"打造双线上平台，企业和商户们可以在线上商城、门店、收银、物流、营销、会员、数据等核心商业要素上下功夫，构建自身的电商生态，来对接社群的私域流量，打造"去中心化"的私域电商变现模式。除了自建电商平台外，运营者也可以依靠有影响力有流量的第三方平台，在其中推出直营网店，或者发展网络分销商，来进行私域流量变现。

9.3.2 最大化地发挥流量价值

在社群经济时代，我们一定要记住一个公式：用户＝流量＝金钱。同公众号和朋友圈一样，有私域流量价值的社群也可以用来投放广告，而且效果更加精准，转化率也相当高。

社群是精准客户的聚集地，将广告投放到社群宣传效果会更好，群主可以多找一些同类型的商家合作。社群广告变现的相关技巧具体如下。

（1）投放的广告要与社群的主题相匹配，这样才能最大化地发挥社群私域流量的价值。

（2）广告需要给群成员带来实际价值，避免他们认为你的广告是垃圾信息而置之不理，甚至感觉受到垃圾广告的打挠。

（3）将广告植入社群的内容或活动中，确保良好的社群运营和用户互动。

（4）一定要保证广告产品的真实性，否则一旦产生质量纠纷，很容易导致整个社群土崩瓦解。

对于那些管理非常优秀的社群来说，适当接广告不失为一种快速变现的好方法。当然，广告主对于社群也非常挑剔，他们倾向于流量大、转化率高的社群，这些都离不开群主的精心运营。